농촌유토피아

이 책은 경제인문사회연구회의 협동연구인 '행복한 균형발전을 위한 농촌 유토피아 구상'에 토대를 두어 한국농촌경제연구원에서 기획한 것이다.

농촌 유토피아
행복한 삶을 위한 새로운 도전
ⓒ 한국농촌경제연구원 2019

초판 1쇄　2019년 12월 30일
초판 2쇄　2023년 12월 27일

지은이　송미령 외

출판책임	박성규	펴낸이	이정원
편집주간	선우미정	펴낸곳	도서출판 들녘
기획이사	이지윤	등록일자	1987년 12월 12일
편집	이동하·이수연·김혜민	등록번호	10-156
디자인	하민우·고유단	주소	경기도 파주시 회동길 198
마케팅	전병우	전화	031-955-7374 (대표)
경영지원	김은주·나수정		031-955-7381 (편집)
제작관리	구법모	팩스	031-955-7393
물류관리	엄철용	이메일	dulnyouk@dulnyouk.co.kr

ISBN　979-11-5925-508-3 (14080)

값은 뒤표지에 있습니다. 잘못된 책은 구입하신 곳에서 바꿔드립니다.

농부가 세상을 바꾼다! 귀농총서 67

농촌유토피아

행복한 삶을 위한
새로운 도전

송미령 외 지음

목 차

들어가며 7

1장 유토피아 논의와 농촌 정책
유토피아 논의와 주요 실천 사례 13
균형발전 정책의 변화와 농촌의 위상 27
농촌 정책과 균형발전 정책의 성과 및 한계 42
농촌 유토피아의 구상을 위하여 49

2장 사회경제의 변화 트렌드와 농촌의 미래 전망
한국의 사회경제 변화 및 불균형 실태 55
농촌의 새로운 변화 66
농촌의 미래 전망 78
농촌의 실태와 미래 전망을 통해 본 시사점 86

3장 국민의 행복과 삶의 질 만족도, 희망사항
국민의 행복과 삶의 질 만족도 91
국민이 생각하는 유토피아와 농촌 99
버킷리스트 실현 장소로서 농촌이 지닌 잠재력 103
국민 행복도와 버킷리스트에서 알 수 있는 점 114

**4장 농촌 사회혁신 사례와
실천 가능한 모델**

유형별 사례　119
주민이 희망하는 농촌 유토피아 구상:
　충남 홍성군 사례　146
실천 가능성 확보를 위한 모델 도출　165

**5장 균형발전의 과제와
농촌 유토피아 구상의 실천 전략**

농촌 유토피아의 기본 방향　173
농촌 유토피아 구상을 실현하기 위한 과제　180
농촌 유토피아에 대한 후속 연구과제　205

마치며　207
참고문헌　211

들어가며

한국은 눈부신 경제성장에도 불구하고 2017년 기준, OECD 국가별 삶의 질 지수에서 38개 국가 중 29위를 차지할 정도로 삶의 질이 낮은 수준에 머무르고 있다. 그리고 저출산, 고령화 현상이 심해지면서 앞으로 국가 존립의 기반조차 위협을 받고 있는 상황이다.

저출산, 고령화의 영향은 도시보다 농촌에 더 큰 영향을 끼치고 있다. 일각에서는 인구 공동화로 인해 지방이 소멸될 가능성도 제기되는 가운데, 취약한 농촌 정주기반과 서비스 여건으로 인해 장래 농촌의 인구가 더욱 급격히 줄어들리라는 우려가 있다. 농촌의 최말단 정주 공간 단위라고 할 수 있는 마을에서도 심각하게 인구가 줄어드는 추세고, 전통적 공동체가 무너지고 생활서비스의 양과 질이 모두 저하되어 농촌 인구 유지에 불리하게 작용해왔다. 기초생활서비스에 접근하기 어려운 마을도 크게 증가하는 모양새다. 또한 오랜 세월 이촌향도(離村向都) 흐름이 이어진 결과, 농촌은 젊은 사람들이 줄어들어 지속가능성이 우려되는 반면, 도시는 인구 집중에 따른 극심한 집값 상승과 교통혼잡 등의 문제가 발생하고 있다. 인구 피라미드에서 가장 두터

운 층을 차지하는 장·노년 세대, 그리고 청년 세대 등 세대별로 행복한 삶을 위한 다양한 기대와 욕구가 상존하며, 이는 도시·농촌의 문제와 맞닿아 있다.

한국의 장·노년 세대 및 청년 세대는 새로운 공동체적 삶과 보람 있는 일자리를 바라고 있다. 농촌은 새로운 삶터·일터·쉼터·공동체의 터가 될 수 있는 잠재력을 지니고 있음에도 활동적 인구가 부족해 활력을 잃어가고 있다. 그렇다면 농촌을 무대로 다양한 사람들의 다양한 행복 욕구를 충족하도록 함으로써 도시와 농촌이 당면한 문제를 해결할 수 있다는 기대를 가질 수 있다. 마침, 최근 들어 귀농·귀촌의 꾸준한 증가, 사회적 경제 확장, 워라밸(work-life balance)과 반농반X(半農半X)*의 생활양식을 추구하는 사람이 늘어나는 사회적 변화는 농촌이 새로운 도전 공간으로 부상될 수 있다는 가능성을 보여준다.

이러한 변화의 길목에서 농촌의 내·외부 역량을 결집함으로써, 농촌이 국민의 삶의 질과 행복을 높이는 공간으로 거듭날 수 있도록 발상을 바꿔야 한다. 이는 동시에 농촌의 지속 가능성을 담보하는 계기가 될 수도 있다. 농촌의 가능성을 보여주는 여러 도전 사례들을 살펴보고, 이를 국가적으로 확산할 수 있는 방안을 마련해야 한다. 이 책은 농촌이 갖는 잠재력을 발휘하여 저출산, 고령화라는 국가적 문제에 대한 대응 방안, 농촌 활성화와 국가의 균형발전을 이루는 전략의 하

---

* 일본의 시오미 나오키(鹽見直紀)가 1990년대 중반부터 주창한 생활방식이다. 농업으로 가족이 먹을 만큼의 먹을거리를 충당하고, 나머지 시간은 자신이 하고 싶은 일에 쓰는 것이다. 수입은 줄어들더라도 정신적인 만족, 행복 등으로 이를 대신하게 된다.

나로서 '농촌 유토피아'를 구현하기 위한 고민을 담아낼 것이다.

　이를 위해 먼저 1장에서는 고전적 유래를 시작으로 근현대로 흐르는 유토피아에 대한 논의의 주요 내용을 분석하고, 농촌 유토피아 조성의 실천 사례를 다섯 가지로 유형화했다. 또한 국내에서 국가균형발전을 이루기 위한 그간의 정책적 흐름을 살펴보고 한계를 파악했다. 더불어 농촌 정책의 성과와 한계를 분석하고 농촌 유토피아의 조건을 도출했다. 2장에서는 한국과 농촌의 사회·경제적 변화를 여러 지표로 분석하여 농촌의 미래 모습을 전망하며, 향후 농촌 유토피아의 방향을 제시했다. 3장은 국민들의 행복과 삶의 질 만족도를 조사해, 이들의 버킷리스트가 무엇인지, 농촌에서 버킷리스트를 실현하고자 하는 국민들의 행정 수요는 무엇인지 등을 분석했다. 4장은 농촌 현장에서 문제를 해결하고 지역 내 활력을 도모하는 다양한 실천 사례와 함께, 농촌의 사회혁신을 촉진하기 위한 국내외 정책을 분석했다. 마지막으로 5장에서는 농촌 유토피아의 지향점과 추진 방향을 제시했다. 삶터, 일터, 쉼터이자 공동체 터로서 농촌이 조화롭게 발전하게끔 해야 한다는 비전에 따라, 농촌에서 도시민들이 희망하는 다양한 분야의 활동을 실행할 수 있는 기회를 제공함으로써 농촌 공동체의 활력을 되살리도록 한다는 농촌 유토피아 구상의 전략을 제시했다.

유토피아 논의와 농촌 정책

유토피아 논의와 주요 실천 사례

고전적 유토피아와 근대적 유토피아

고전적인 의미로 유토피아는 현존하지 않는, 또는 존재하리라 생각하기 어려운 이상적인 세계를 의미했다. 즉, 당시의 사람들이 꿈꾸던 세상을 관념적으로 상상했던 세계가 바로 유토피아다. 이러한 고전적 의미의 유토피아는 동서양을 막론하고 매우 다양한 개념으로 제시되었다.

먼저, 유토피아에 대한 동양의 고전적 의미 및 형태는 이상향(理想鄕)을 의미했다(임광명 2014). 특히 중국의 고전적 이상향은 도교의 영향으로 현실과 격리된 은둔적인 이상촌을 그려왔는데, 기원전 6세기 노자의 무위무욕(無爲無慾)을 강조한 소국과민(小國寡民)이나 4세기경 도연명의 『도화원기(桃花源記)』에 등장하는 무릉도원(武陵桃源)이 그 예다. 그러나 소국과민이나 무릉도원은 현실성이 매우 부족한, 말 그대로 이상촌이었다. 한국에서 고전적 이상향의 모습은 허균의 『홍길동전』 속에 그려지는 율도국이나 박지원의 『허생전』에 나오는 공도(空島)에서 찾아볼 수 있다. 여기에는 중국의 소국과민이나 무릉도원에 비해 현실 비판과 사회개혁적 의지가 강하게 담겨 있었다. 그럼에도 개혁하고자 했던 당시 사회의 유교적 통치체제에서 벗어나지 못한 한계가 있다. 다른 점은 통치자가 현실 세계의 통치자에 비해 탁월하다는 것뿐이다.*

서구 사회에서 유토피아 논의의 시초는 1516년 발간된 토마스 모어의 『유토피아』라고 알려져 있다. 토마스 모어와 가공의 인물인 라파엘 히슬로디가 나누는 대화로 작성된 『유토피아』는 모두 두 권으로 구성되어 있는데, 1권에서는 당시 유럽과 영국에 만연한 부정부패를 비판하는 내용을 담고 있다. 특히 부를 축적한 자들이 전개한 인클로저 운동으로 인해 농촌이 몰락하고 농민들이 빈민, 부랑자나 도적으로 전락하고 있는데, 군주와 귀족들은 이를 해결하기보단 전쟁과 사회 불안만 일으키고 있는 당대의 실태를 신랄하게 비판한다. 2권에는 이러한 당시 사회의 부정부패가 정책적 노력이나 제도의 개선으로는 치유할 수 없으며, 사회체제의 근본적 개혁을 통해서만 가능하다는 모어의 인식이 드러나 있다. 즉 이 책은 사유재산제 폐지와 공유재산제 도입, 민주주의 원칙, 사회적 평등, 평등한 분배 등에 대한 토마스 모어의 급진적 개혁 의지를 히슬로디를 통해 이야기하는 것이라 할 수 있다.**

『유토피아』에서 그리고 있는 유토피아는 가장 넓은 중앙부의 직선거리가 약 320킬로미터인 섬으로, 섬 안에는 54개의 도시가 있고 그 사

---

* 박종선, 「허균의 홍길동전과 토머스 모어의 유토피아: 이상향의 차이는 무엇?」, 『주간조선』 2437호, 2016.

** 모어가 꿈꾸던 유토피아에는 지배자도 피지배자도 없으며, 공직자는 대부분 1년 임기제로 선거를 통해 선출된다. 공동의 창고에는 재화가 충분히 비축되어 있는 가운데 주민들이 수시로 회의를 열어 개인과 가정의 필요에 따라 재화를 분배한다. 모든 것이 공유이므로 부자와 빈자가 없고, 주민들은 모두 매일 여섯 시간씩 노동을 하며, 나머지 시간은 여가생활에 활용한다. 2년마다 도시민과 농민이 교체되고, 주택도 10년마다 추첨으로 교환된다. 모든 사람이 평등한 교육을 받고 공동 식탁에서 식사하며, 거의 모두가 공통된 의복을 입고 공동 주택에 거주한다(강정인 외 2006).

이의 최단거리는 약 38킬로미터인 구조를 지닌다. 또 농촌은 30가구 규모의 마을로 구성되고, 주기적으로 도시와 농촌 사이에 거주자를 이동시켜 2년마다 20명씩 교체된다.

이와 같이 동서양을 막론하고 고전적 유토피아는 (약간의 차이는 있지만) 시공을 초월한 보편적 가치 기준과 개인의 완성을 강조하고 있는데 비해,* 19세기에서 20세기 초의 근대적 유토피아는 〈표 1〉처럼 주로 사회개혁적인 실천 의지를 강하게 담고 있다(이종은 외 1996).

특성	고전적 유토피아	근대적 유토피아
추구 목적	고정된 판단 기준 제공	변화를 통한 현실과 유토피아의 일치
변화의 대상	개인의 변화(개인의 완성)	사회 구조의 변화
시공간 개념	시공간의 우연성	명확한 시공간의 방향성
유토피아의 상태	정태적이고 더 이상 발전이 없는 완전한 인간과 사회	인간 본질과 사회 변화의 가능성을 토대로 하는 동태적이고 진보적 사회
주요 사상가	플라톤, 토머스 모어, 베이컨, 캄파넬라, 안드레아 등	콩트, 생시몽, 마르크스, 헉슬리, 벨라미, 웰즈, 호우웰즈, 모리스 등

<표 1> 고전적 유토피아와 근대적 유토피아

윌리엄 모리스의 낭만적 반자본주의와 변혁적 사회주의(정종수 2007), 카를 마르크스의 공산주의 사회(손철성 2002) 등이 바로 이러한 근대 사회의 개혁적 유토피아라 할 수 있다. 근대적 유토피아가 고전적

---

* 물론 토마스 모어도 유토피아를 통해 개혁적 사회 변화를 꿈꾸었지만, 그가 근본적으로 개혁해야 할 악의 뿌리로 인식한 것은 사회제도보다는 인간의 본성이었다. 이러한 인식은 성직자였던 그의 비관적 인간관에 기반하고 있다(강정인 외 2006).

유토피아와 달리 실천적 변화 가능성 또는 실현 가능성을 강조하고 있기는 하지만, 당시 변혁운동의 쇠퇴라는 사회적 환경과 과학의 객관성과 가치의 중립성을 지나치게 강조한 학문적 흐름이라는 한계에 막혀 상대적으로 소극적 유토피아론에 그쳤다.

현대 유토피아 논의의 주요 흐름

고전적 유토피아가 주로 실현 불가능한 공상에 기반하여 '좋지만 실현할 수 없는 사회'라는 부정적 이미지를 가지며 근대적 유토피아가 상대적으로 소극적인 실천 논의에 그쳤던 점과 달리, 20세기 중반 이후에 전개된 현대의 유토피아 논의에서는 실현 가능한 긍정적 이미지와 실천성이 강조되고 있다. 이매뉴얼 월러스틴의 '유토피스틱스(Utopistics)', 에릭 올린 라이트의 '리얼 유토피아(Real Utopia)', 앤서니 기든스의 '유토피아적 리얼리즘(Utopian Realism)', 뤼트허르 브레흐만의 '리얼리스트를 위한 유토피아 플랜(Utopia for Realists)' 등이 이에 포함된다.

가능한 미래, 대안적 사회를 추구하는 월러스틴은 유토피아에 대한 부정적 이미지 대신, 더 긍정적이고 생산적인 의미를 부여하고자 '유토피스틱스'라는 용어를 고안한다(손철성 2002). 유토피스틱스는 유토피아에 지식 활동이란 의미의 스틱스(-istics)를 어미로 붙여 만든 신조어로서, '본격적으로 개선할 대안들에 대한 지식 활동'을 의미한다. 즉, 유토피스틱스는 완벽하거나 불가피한 미래의 모습이 아닌, 대안적이고 신뢰할 수 있을 만큼 더 나으며 역사적으로 가능한 미래의 모습이나 대안적인 사회를 추구하는 지적 활동이라 할 수 있다. 이러한 유토피스틱스에서 추구하는 새로운 사회상의 주요 특징은 대안성, 현실 비판성, 실현 가능성, 진보성 등이다.

사회권력 강화를 추구하는 라이트의 리얼 유토피아는 직접 민주주의와 대의 민주주의의 새로운 결합 형태인 '권한 부여형 참여적 거버넌스(empowered participatory governance)'를 실현해 사회권력을 강화해야 한다고 강조한다(라이트 2010). 여기서 사회란 자본도 아니고 국가도 아닌 독자적 실체로서의 '사회'를 의미한다. 그래서 라이트는 리얼 유토피아를 통해 기본소득(무조건적 기초소득), 주식 과세, 임금 소득자 기금, 연대 기금 등의 대안을 제시한다.

기든스의 유토피아적 리얼리즘에서는 자아성찰에 기반하여, 어떤 삶을 살 것인가라는 자아실현의 문제와 관련된 '생활 정치'를 강조한다. 기든스는 생활 정치의 핵심인 진정한 자아 정체성을 '자기 진실성'에 기반한 자율성과 연대성(유대성)의 가치를 결합시키는 태도라고 규정하고 있다(기든스 1991). 즉, 유토피아적 리얼리즘은 진정한 자아성찰에 기반하는 생활 정치를 통해 (국가의 강요가 아닌) 사회의 다양한 집단 대표자들과 전문가들이 참여함으로써 미래에 대한 합의를 이루어가고 이를 실천하는 사회의 모습이라 할 수 있다.

브레흐만의 리얼리스트를 위한 유토피아 플랜은 몇 가지 인식적 전제를 제시한다(브레흐만 2017). 그중 핵심 전제가 현재 우리가 누리고 있는 번영과 자유는 과거의 사람들이 꿈꾸던 유토피아라는 점이다. 바로 지금이 과거의 유토피아가 실현된 것이라는 인식이다. 이런 인식을 전제로 21세기를 사는 우리는 22세기 또는 그 이후에 실현해야 할 미래의 유토피아를 꿈꾸며, 과거에는 찾아볼 수 없었던 문제들을 해결해 나가야 한다.* 즉, 브레흐만의 유토피아 플랜은 유토피아를 단순히 이념 논쟁이나 사상 논쟁의 관점에서 볼 것이 아니라, 이를 실현하기 위한 '현실적 시각에서의 접근'이 필요하다는 점을 강조하고 있다. 브레흐만은 유토피아 플랜에서 다양한 실험 결과와 사례를 제시했다. 런던의 노숙자 13명에게 국가 지원 대신에 현금으로 기본소득을 제공한 결과, 그중 9명이 노숙 생활에서 벗어나 거주할 집을 찾거나 직장을 구한 것이 대표적인 실험 결과다. 주 15시간 노동과 여가가 넘쳐나는 미래를 실현한 포드사의 경우도 대표적인 사례다.

　이상과 같이 현대의 유토피아 논의는, 왜곡되지 않은 인간다운 삶의 모습을 통해 미래 사회에 대한 전망을 제시하기도 하고, 기존 현실을 비판하는 기준이 되기도 하며, 새로운 사회로 나아가려는 역동성과 개혁적 의식을 고취시키기도 하는 기능을 갖는다(손철성 2002). 이를 위하여 실현 가능한 대안적 사회를 모색하고, 자아 실천적 관점에서 실현 가능성을 수용·변형한다(탈전통적 개인주의나 나르시시즘적 개인주의의 한계 인식, 건전한 욕구와 건전한 개인주의 지향). 국가나 자본의 강요가 아니라 사회의 다양한 집단들이 참여하는 참여적 합의 사회를 지

---

* 미래의 유토피아를 꿈꾸는 현실적 시각으로는 돈의 재분배(기본소득), 시간의 재분배(주당 근로시간의 단축), 과세의 재분배(노동이 아닌 자본에 부과하는 세금), 로봇의 재분배 등을 들 수 있다.

향하고, 대안적 사회체제(기든스의 '제3의 길')와 생활 정치(자아실현) 등을 모색한다.

<참고> **리얼리스트를 위한 핀란드 정부의 유토피아 플랜 실험 사례**

핀란드 정부는 2년간 실험집단(2000명)에게 매달 약 72만 원의 기본소득을 제공하고 통제집단에게는 기존의 실업급여를 지급하는 실험을 한 뒤 2017년 그 결과를 발표했다.

그 결과 기본소득을 받은 사람이 실업급여 수급자와 비교해 고용 성과에서 개선도, 악화도 없었다고 하는데, 국내 일부 언론에서는 이를 실패한 실험으로 규정했다. 하지만 이 또한 예비 결과로서, 최종 결과는 2020년에 발표할 예정이다.

이번 실험이 "기본소득을 수급한 사람이 나태해지거나 적극적인 구직활동을 하지 않을 것"이라는 전제에서 출발했음을 고려하면, 이를 실패라고 단정할 수는 없다. 또한 핀란드 정부의 실험 이후 피실험자들을 대상으로 한 조사 결과, 기본소득을 받은 사람이 실업급여를 받은 사람에 비해 더 많이 '행복하고 건강하다'고 느꼈으며 더 낮은 수준의 스트레스를 경험했다고 응답했다.[*]

농촌 유토피아 조성의 실천 사례

앞서 살펴본 것처럼 유토피아의 개념과 논의는 다양하게 전개되어 왔다. 이와 마찬가지로 실제 현실에 조성된 농촌 유토피아도 다양하게 존재한다. 여기에서는 실제 있었던 농촌 유토피아를 특성에 따라 다섯 가지로 나누어 검토한 다음, 농촌 유토피아 구상의 원리들을 도출하겠

---

[*] 김교성, 「핀란드의 기본소득 실험 결과 제대로 보기」, 『한겨레』, 2019. 2. 14.

다. 물론 여기서 제시한 다섯 가지 유형이 현존하는 모든 형태의 농촌 유토피아를 포괄한다고는 할 수 없다.

이상적인 정주공간으로서의 '도시-농촌 연계형' 유토피아

에버네저 하워드는 스모그로 가득 차고 슬럼화된 런던과는 다른 이상적 공간으로서 전원도시를 계획하고 건설했는데(전효성·이일형 2004), 이 또한 실제 유토피아를 건설하려 한 노력의 사례로 볼 수 있다. 하워드의 전원도시는 인구 3만2000명, 총 6000에이커(약 2428만 제곱미터, 약 734만5044평) 규모로, '도시와 농촌이 결합'된 형태로 조성되었다. 그곳의 공간 구성은 도시 중앙에 위치한 중앙정원에서 6개의 큰 길이 방사상 형태로 뻗어나가 6개의 분할지구를 형성하며, 도시와 농촌은 방사형의 철도노선으로 연결된다. 이러한 전원도시는 전체적으로 환상형(環狀形)의 도시구조를 지니고 있다. 하워드의 전원도시는 18세기 말의 산업혁명 이후 공업화와 도시화가 심화되며 다양한 도시 문제와 사회 문제, 환경 문제 등이 발생하던 영국에서, 이를 극복하고 도시와 전원의 장점을 적절히 조화시켜 생산활동의 효율성을 향상시키고 쾌적한 생활환경을 겸비한 이상적 자립도시를 건설하려 했다는 점에 큰 의의가 있다.

협동적 자립공동체형 농촌 유토피아

이스라엘에서는 자급자족적이고 협동적인 유대인 공동체로 키부츠와 모샤브라는 유토피아를 건설했다(임광명 2014). 키부츠(kibbutz)는 주로 공산주의 국가에서 살다가 현재의 이스라엘 땅에 정착한 유대인들이 1921년 창설한 경제적·사회적 집단농업 공동체라 할 수 있다. 이들이 공유한 사상의 특성상 사유재산이 인정되지 않으며, 주로 농업을 중심으로 이스라엘의 건국과 국가 발전에 기여했다. 그러나 키부츠의 역할이 점차 정부로 이양되고 사회주의 체제의 매력이 감소되면서 1970년대 이후부터는 정치적 영향력이 감소했다. 이와 대조적으로 모샤브(moshav)는 자본주의 국가에서 이주해 온 유대인들이 1920년대부터 형성한 공동체로, 보통 60여 가구 규모로 이루어진 집단 농촌이다. 여기에서는 사유재산을 인정하여 각 가정 단위로 주택과 농장을 소유할 수 있고, 이들의 협동체가 마을을 구성한다. 모샤브마다 공동시장체제를 갖추어 생산과 소비는 물론, 교육, 의료, 문화생활 등이 그 안에서 이루어지는 특성을 갖는다. 농사에 드는 노동력은 가족 단위로 충족하지만, 농장의 생산물은 모샤브 조직을 통해 시장에 공동으로 마케팅, 판매하는 협동조합의 성격을 띤다. 오늘날 모샤브는 이스라엘 전국에 약 450개가 분포하고, 인구의 5퍼센트가량이 여기에 거주하고 있다.

우리나라에서는 1907년 결성된 신민회를 중심으로 국내와 만주 등에서 자립적이고 협동적인 유토피아를 건설하려는 이상촌 운동이 활발히 전개되었다(임광명 2014). 일제 강점기의 이상촌 운동은 단순한 농촌운동이나 농민운동에서 벗어나 반외세와 자주, 자강을 통해 국권을 회복하려는 협동적인 공동체 건설을 목표로 삼았다. 대표적으로는 용동 이상촌(평안북도 정주)과 봉안 이상촌(경기도 양주) 등이 건설되어 한동안 유지되었다. 당시의 이상촌 운동은 마을 조직의 형성, 생활 개

이상촌 이름	용동 이상촌	봉안 이상촌
주요 인물	남강 이승훈	일가 김용기
위치	평안북도 정주	경기도 양주
배경	-안창호의 연설에 감화되어 국권 회복을 위한 이상촌의 건설을 추진 -이웃과 더불어 사는 공동체 지향	-안창호, 이승훈의 이상촌을 본받고, 농군이 되라는 아버지의 권고로 농촌운동과 독립운동을 함께하는 이상촌의 건설을 추진
특성	-마을 조직: 동회, 자면회(간사), 청년회 등 -생활개선: 근검절약, 금연, 금주, 농사일 공동작업, 가내수공 생산물의 공동판매, 야학, 공동자금 -농업교육 및 종합교육: 강명의숙(초등), 오산학교(중등). 그러나 민립 대학이나 오산 농과대학은 실현하지 못함 -학교마을, 교회마을, 병원마을, 사택마을, 농장마을, 산림마을 등으로 분화되어 용동을 중심으로 모두 7개의 마을로 구성 -각 마을에 동회가 있고, 7개 마을은 협동조합을 세워 동회를 이끔	-경제적으로 풍족하고, 문화적으로 건강하며, 아름다운 협동적 농민공동체를 만들고자 뜻을 같이하는 10개의 가구(십가촌)로 이상촌을 건설 -생활개선: 주택 개량, 식생활 개선, 의생활 개선 -농사개량: 축산 부산물로 퇴비 제조, 농업 생산의 다각화, 축산 증진 -보건의료와 오락 및 교육: 청결운동, 소학교와 야학 및 각종 강연, 강습회 및 건전한 마을 오락 프로그램 -협동운동: 생산자협동조합, 소비자협동조합, 판매협동조합 등

<표 2> 개화기 한국의 이상촌(유토피아) 건설 사례

선, 농업교육, 종합교육, 경제적 자립, 협동운동 등을 주요 내용으로 했다. 유럽에 건설되었던 유토피아의 이상적 도시계획에 근접해왔던 신민회의 이상촌들은 다음과 같은 공통된 구조를 지닌다. (1) 농토가 마을별로 나누어져 있고, (2) 마을 한편에 학교(무관학교)가 있으며, (3) 그 학교에 필요한 실습지로 농장을 설치하고, (4) 실업교육을 위한 공장을 세우고, (5) 다른 한편에는 교회를 세우며, (6) 그 주변에는 주택과 상점, 사무실을 설치했다.

종교적 원리·이상 지향형 농촌 유토피아

힌두교 지도자인 미라 알파사(Mirra Alfassa)가 1968년 설립한 인도 남부의 오르빌(Auroville) 마을에는 전 세계 40여 나라에서 온 2000여 명이 거주하고 있다. 이 마을은 은하계의 구조로 계획되었고, 마을의 중심에는 수많은 명상 공간으로 꾸며진 거대한 금색 구(球)가 설치되어 있다. 이 마을에는 평화와 조화를 추구하며 살고 싶은 사람이면 누구나 거주할 수 있고, 지역사회에서 생산된 농산물을 판매하는 사업체와 학교, 농장, 레스토랑 등이 있다. 이 시설들은 모두 공동 소유로, 마을 사람들은 돈을 받지 않고 일하며 전기, 교육, 보건 등의 서비스가 무료로 제공된다.

미국 아이오와주의 마하리시 베딕(Maharishi Vedic)은 초월적 명상(transcendental meditation)의 원리에 따라 2001년 건설된 마을로, 이곳 주민들은 하루에 2번씩 명상을 실천한다. 주민 간 화합과 균형 및 자연의 법칙에 순응하는 것을 중시하며, 이를 포함하는 고대 인도의 원리에 따라 공간을 구성해 마을을 건설했다. 이에 따라 마을의 모든 주택은 동일한 형태를 지니며 태양이 떠오르는 동쪽을 향하고 있다. 마을 중앙에는 명상을 위한 침묵의 공간이 자리하고 있으며, 마을은 모두 10개의 원으로 구성되어 각 원을 따라 모든 주택이 배열되어 있다. 또한 이 마을에는 우주를 연상하게 하는 전망대가 있고, 주민과 방문객들을 위한 호텔과 스파가 있으며, 아이들에게 명상의 원리를 가르치는 공립학교가 운영되고 있다.

지속 가능한 농업 및 생태형 농촌 유토피아

호주의 퀸즈랜드주 코논데일(Conondale)이란 곳에 위치한 크리스털 워터스 생태마을(Crystal Waters Eco Village)은 1984년 크리스탈 워터스 퍼머컬처(Permaculture)* 마을이라는 이름으로 건립되었다. 마을의 이름이 의미하듯 '지속 가능한 농업에 기초한 생태문화'를 추구하고 실현하려는 자들이 만든 마을로 현재 240명 정도가 거주하고 있다. 이곳의 주민들은 자급자족적 농업과 지역의 재조림(reforesting)을 위해 노력하고 있으며, 다양한 동식물상이 존재하는 지역 생태계를 보전하기 위해 육식성 애완동물(개와 고양이)의 사육을 금지하고 있다. 이 마을은 1996년 세계주거상(World Habitat Awards)을 수상하며 유명해졌다. 퍼머컬처 마을을 조성하는 프로젝트는 전적으로 자부담으로 이루어졌으며, 현재 마을은 각각 1에이커(약 1200평) 규모로 조성된 85개의 개인 소유 토지와 야생생물 보호구역으로 지정된 공동 소유의 약 500에이커 규모의 토지로 구성되어 있다. 개인 소유의 토지에는 개인 주택들이 있는데, 모두 지역의 자연환경과 조화되도록 설계되었다. 그런데 일부 주택이 최근 부동산 시장에 60만 달러에 매물로 나와 있을 정도로 주거 비용은 매우 높으며, 이로 인해 일부 농민과 상점주들이 더 이상 생계를 꾸릴 수 없어 마을을 떠나는 경우가 발생하고 있다. 그리고 이 마을은 5곳의 가파른 산등성이에 주택단지가 분산되어 있는 구조여서 일상생활에 자동차가 필수적이며, 이에 따라 무리하게 도로를 건설해

---

* 한국어로 영속농업이라고도 번역되는 퍼머컬처는 1978년 호주의 데이비드 홈그렌과 빌 몰리슨이 만든 용어이다. 자연생태계의 장점을 인간의 농업과 지역사회 설계 등에 도입하는 것이 특징이다.

공동체의 지향과 현실 사이에서 일부 모순이 발생하고 있다.

참여적 거버넌스형 농촌 유토피아

오늘날 유토피아적 커뮤니티란 '평등주의 커뮤니티(egalitarian community)' 또는 '달성하고자 의도된 커뮤니티(intended community)'를 의미하는데, 이런 측면에서 미국 버지니아주의 트윈 오크(Twin Oaks)는 유토피아적 커뮤니티라 할 수 있다. 이곳은 1967년, 대부분 대학을 졸업한 8명의 친구들이 평등주의적 사회 구조, 노동 신용 체계, 일과 자원에 대한 공평한 분배 등을 실천하는 커뮤니티를 꿈꾸며 이주하여 설립했다. 당시 이들은 갹출한 총 2000달러의 자산과 후원자가 임대한 123에이커의 산림과 농지, 그리고 일부 대출금을 기반으로 커뮤니티를 건립했다. 현재는 100명 내외(성인 약 90명)의 주민 수를 유지하고 있으며, 연령대는 신생아부터 80대 노인까지 다양하다. 영구적인 거주를 위해서는 6개월의 수습기간 이후 이들에 대한 커뮤니티의 피드백 결과를 바탕으로 3명의 남녀로 구성된 팀이 새로운 영구 거주자를 받아들일지 최종 결정한다.

트윈 오크 마을은 커뮤니티 전체의 의견을 수렴하여 장기적인 관점의 의사결정을 내리는 플래너와 농장이나 부엌부터 여러 제조 분야의 작업에 이르기까지 커뮤니티의 다양한 특정 분야를 책임지는 매니저들의 '플래너-매니저 거버넌스'에 의해 운영되고 있다. 이들은 모든 일상적 결정을 감독하고 커뮤니티 전체에 영향을 주는 의사결정을 담당하지만, 권력이 부여된 것이 아니라 철저하게 커뮤니티 주민들의 의견을 수렴하여 임무를 수행하도록 책임이 부여되어 있을 뿐이다. 또 이들의 임명 역시 커뮤니티 전체 의사에 의해 결정된다. 예를 들어, 누군가 플래너로 지명되었다면 커뮤니티 전체 주민의 거부 의사 비율이 20퍼센트 미만이어야만 임명될 수 있다. 이들의 임무 수행은 늘 커뮤니티가 원하는 바를 따르기에 '플래너-매니저 거버넌스'가 50년 넘게 잘 작동하고 있다. 만약 플래너나 매니저에 대한 불만과 고충이 발생하면, 커뮤니티의 우려와 불만을 가라앉히기 위해 중재위원회가 나서게 된다.

한편, 커뮤니티의 모든 주민들은 커뮤니티 생활과 운영에 관련된 다양한 분야에서 매니저로 참여한다. 즉, 서로 돌아가면서 특정 분야의 매니저 팀에 참여한다. 주민들은 주 42시간만 일하면 모든 생활필수품과 서비스(음식, 주거, 의료 등)를 무료로 제공받을 수 있다. 여기에 (변동적이지만) 약 90달러의 월급을 받아 커피, 맥주, 담배, 영화표 등과 같이 커뮤니티 안에서 구할 수 없는 것들을 외부에서 구매할 수도 있다. 작업은 1주일마다 바뀔 수 있는데, 일요일마다 다음 주에 하고 싶은 일에 대한 수요 조사를 통해 작업 배정자가 각자의 일을 조정한다. 주민들에게는 주당 2시간 30분의 휴무는 물론 1년에 2.5주의 휴가가 주어진다. 또 주중에 추가 작업을 하여 이를 휴가 일수를 늘리는 데 활용할 수도 있고, 도시나 타 지역으로 나가 휴가를 보내고 올 수도 있다. 이런 일-휴가 시스템을 통해 주민들의 워라밸이 보장되도록 하고 있다. 외부인을 위한 방문 프로그램은 토요일 3시간 투어와 3주간의 체류 프로그램이 마련되어 있다.

균형발전 정책의 변화와 농촌의 위상

공업·거점 중심의 국가발전 정책과 농업·농촌의 소외

한국전쟁 이후 한국 정부는 피폐화된 국토와 경제를 회복하고 성장시키기 위해 1962년부터 5년 단위의 경제개발계획을 수립하고 공업화 중심의 국가성장 전략을 추진했다. 또한 1972년부터는 국토의 효율적 개발을 위해 거점개발 방식으로 국토개발 전략을 추진했다. 공업화와 도시화를 국가성장 전략의 2대 축으로 명시하면서 이를 달성하고자 국가의 모든 역량을 집중했다. 한편, 발전국가(developmental state)의 조절체계(regulation system)에 의해 농업은 공업화를 이루기 위해 저렴하게 식량자원을 생산해야 하는 산업으로, 농촌은 도시(개발거점)의 성장을 위해 젊고 저렴한 노동력을 공급해야 하는 노동 공급처의 역할을 떠맡도록 강요되어왔다.

그에 따라 1970년대 전 국민의 도시 거주 비율이 절반을 넘어서고, 1980년대에는 인구의 절반이 수도권에 집중되었다. 지방 분산과 수도권 정비를 위한 정책도 시행되었지만, 수도권과 동남권 일부 대도시 및 공업도시들에 대한 집중은 시간이 갈수록 더욱 심화되었다. 그 결과,

지방 소도시들은 물론 농촌의 기존 중심지 기능까지 저하되어 농촌은 인적·물적 기반이 크게 약화되었다.

정부의 농촌개발정책은 발전을 위한 인적·물적 동력기반을 상실한 농촌을 대상으로 언 발에 오줌 누는 식의 사업을 투입하는 양상이었다. 또한 정권의 교체에 따라 수시로 바뀌면서 정책의 연속성을 상실하고, 중앙정부가 기획해 농촌 지자체에 하달하는 수많은 단위사업들이 파편적이고 분절적으로 추진되어왔다.

2000년대 이전, 시기별 농촌 정책

한국의 농촌 정책은 정부가 지역사회개발 프로그램을 시작한 1950년대 말부터 시작되었다. 당시의 정책 프로그램은 농업 및 생활환경 개선에 중점을 두었고, 정부는 농촌의 빈곤 퇴치라는 가장 중요한 정책 목표에 따라 5~10개 마을이 결합된 일부 지역을 대상으로 지역사회개발 프로그램을 시범적으로 운영했다. 이러한 흐름은 1960년대까지 이어졌다.

1970년대에는 새마을운동이 새로운 농촌개발 프로그램으로서 전국적으로 시행되었다. 1970년 시작된 새마을운동의 초기에는 정부가 지원하는 시멘트와 철근을 이용해 마을을 개발하는 데 필요한 공공사업을 추진하는 방식으로 전개되었다. 마을 숙원사업이던 도로의 포장, 마을회관 건립, 소하천 정비, 교량 건설 등이 이루어졌고, 이 과정에서 주민들 스스로 참여해 노동력을 제공하고 정부 지원만으로 부족한 비용을 갹출하여 충당했다. 정부에서 새마을운동의 실적을 마을별로 평가하고 차등 지원을 실시해 마을들이 경쟁적으로 참여하도록 유도한 결과, 3년 만에 전국의 모든 마을이 이 운동에 참여하게 되었다. 1983년 내무부 자료에 의하면, 1971~1982년 새마을운동에 총 5조 2583억 원이 투자되었는데 이 가운데 주민 부담 투자액이 49퍼센트에 달했을 정도로 주민들의 주도적인 참여로 새마을운동이 추진되었다(내무부 1983). 새마을운동은 점차 환경개선, 소득증대, 생산기반정비, 복지환경, 정신계발 사업 등이 결합된 종합적 지역개발사업으로 발전했다. 당시 내무부에서는 농수산부와 산하의 농촌진흥청, 수산청, 산림청 등에서 추진하던 관련 사업들을 새마을운동에 편입시켜 추진함으로써 농촌과 관련된 정부 사업들이 더욱 종합적으로 추진되도록 했다. 이러한 새마을운동을 통해 많은 성과를 거두게 되었다. 주식인 쌀의 자급이 이루어지고, 농촌 생활환경과 농업 생산기반이 크게 개선되었으며, 여러 농촌지역에서 많은 지도자들이 양성되었다. 또 이런 성과를 통해 농촌 주민들의 높아진 자긍심이 농촌사회에 널리 퍼지게 되었다.

1980년대에는 마을 단위의 개발이란 틀에서 벗어나 농촌 정주생활권 개념을 도입하며 농어촌지역의 종합개발을 시도했다. 당시 이촌향도에 의한 농촌 인구의 감소, 도-농간 격차 증가 등의 문제가 심화되는 한편, 대외적으로도 농산물 수입자유화와 정부의 시장 추가 개방 계획이 발표되면서 농업·농촌의 위기가 고조되었다. 이러한 문제를 해소하고자 정부에서는 10여 개의 관계부처가 참여하는 '농어촌종합대책'(1986), '농어촌발전종합대책'(1989)을 발표하며 대응 방안을 강구했고, 이는 당시 농촌개발 업무가 농수산부의 주요 업무로 자리를 잡게 되는 계기가 되었다. 즉, 농어촌종합대책에 따라 농수산부의 농지국이 농어촌개발국으로 개편되고, 종합개발과를 두어 농촌지역개발 업무를 담당하도록 하는 한편, 도에는 종합개발과를 설치하고 군에는 농산과에 농어촌개발계를 신설하도록 했다.

이러한 농촌개발 추진조직의 정비와 함께, 농촌 정책에 농촌 정주생활권 개념을 도입한 농어촌지역 종합개발을 추진했다. 농촌 정주생활권은 농촌 중심지와 배후지를 포함하는 공간으로 주민들의 기초수요를 충족시킬 수 있는 삶의 여건을 조성하고, 농업과 산업뿐만 아니라 주민의 삶에 영향을 미치는 제반 분야를 포함하는 농촌개발의 추진 단위로 설정되었다. 농촌 정주생활권 개념을 통해 도-농 통합적 개발, 종합개발과 같은 당시로서는 새로운 관점과 전략이 농촌 정책에 도입된다. 정부에서는 농촌 정주생활권을 기반으로 총량계획, 부문계획, 투자계획 등이 담긴 농어촌지역 종합개발계획을 단계적으로 수립하고, 3곳의 정책 실험지역(충남 공주, 전남 강진, 경북 청송)에서 농어촌지역 종합개발사업을 추진했다. 하지만 정부의 농어촌지역 종합개발 추진은 3곳의 정책 실험지역에 대한 투자예산 중 18퍼센트만 투입한 채 중단되고 말았다. 농촌 정책의 새로운 철학과 개발 방식을 수용할 수 있는 중앙-지방 모두의 여건이 성숙되지 못했던 탓이다.

1990년대와 2000년대 초에는 국내 농산물 시장에 대한 선진국의 개방 압력이 거세어졌다. 1993년 우루과이라운드(UR) 협상 타결, 2001년 도하 개발아젠다(DDA) 채택, 2002년 한-칠레 자유무역협정(FTA) 타결 등 일련의 조치로 농업 부문에 대한 위기가 정점에 달하면서 농촌 정책은 농업 정책에 비해 상대적으로 정부의 관심을 덜 받게 되었다. 1980년대에 구상했던 군 단위의 종합개발계획인 농촌 정주권 개발도 중단되고, 농촌개발의 공간 단위가 개별 면으로 축소되어 추진되었다. 이에 따라 농촌 정책이 시·군 단위에서 종합적으로 이루어지기보다는 다양한 개별사업들이 파편적으로 또는 개별적으로 도입·시행되었다. 그리고 1980년대의 농촌개발정책이 하향식 외생적 종합개발 방식을 추구했다면, 1990년대에는 하향식 단위사업 중심의 개발 방식이란 특성을 보였다. 이 시기에 실행된 면 단위의 농촌 정주권 개발은 1990년 4월 제정된 「농어촌발전특별조치법」에 따라 법적 근거를 마련했다는 의의는 있지만, 주요 내용이 1980년대 구상된 정주생활권 개발과는 달리 취락 정비, 농촌도로 건설, 사회복지시설 확충 등 생활환경과 생산기반 정비에 그쳐 종합적이고 통합적인 농촌개발 추진력을 상실했다는 부정적인 측면도 있다.

균형발전 정책의 추진과 농촌의 자생적 발전 추진

이와 같은 농촌 정책의 기조는 2000년대 초까지 큰 변화 없이 유지되다가, 2004년 「국가균형발전특별법」이 제정되고 국가균형발전 특별회계를 재원으로 '국가균형발전 5개년계획'이 시행되면서 전기를 맞게 된다. 그동안 수도권에 집중된 인적·물적 성장기반을 지방으로 이전하는 동시에, 지방의 역량강화와 자생적 발전을 도모하기 시작했다. 즉, 수도권에 대한 규제와 강제적 분산에만 의존하던 과거의 지방 발전 정책과 달리 더 적극적으로 지역 발전을 도모하는 정책 변화가 시작된 것이다. 이때부터 농촌 정책도 중앙정부가 주도하는 하향식 농촌개발에 더해 농촌의 역량을 강화하고 가능성 있는 자원을 발굴해 이를 산업화하고, 스스로 사업을 기획해 추진하는 상향식·주민 주도형·참여형 농촌개발을 강조하기 시작했다. 정부가 바뀔 때마다 국가균형발전정책의 내용과 특성은 변화되었지만, 「국가균형발전특별법」이 제정된 이후 현재까지도 계속 시행되고 있어, 국가적으로는 국가균형발전정책이 지속되고 있다고 할 수 있다. 특히 노무현 정부는 「국가균형발전특별법」 제정·시행, 국가균형발전 특별회계의 설치, '국가균형발전 5개년계획'의 수립·추진을 통해 국가 정책으로서 '균형발전정책'의 기틀을 마련하고 추진했다. '균형과 통합, 혁신과 도약'을 정책 비전으로, '지역혁신체계(RIS)에 기반한 역동적 지역발전'을 정책 목표로 내세우며 ① 혁신주도형 발전기반 구축, ② 낙후지역 자립기반 조성, ③ 수도권의 질적 발전 추구, ④ 네트워크형 국토구조 형성 등의 4대 전략을 통해 균형발전을 추진했다. 그 가운데 낙후지역을 포함한 농촌의 자생적 발전을 위해 농촌의 지역혁신역량 강화, 고부가가치 6차산업 창출, 도농간 교류협력을 사업 내용으로 하는 신활력사업을 추진했지만, 계획된 9년의 기간을 못 채우고 6년 만에 중단되었다. 그러나 신활력사업은 농촌의 역량을 강화하고, 사람을 육성하며, 공동체를 조직화하고, 지역의 자율적인 사업기획과 추진 경험을 축적하게 하는 등 당시로서는 농촌 정책을 한 단계 향상시키는 역할을 했다.

뒤를 이어 이명박 정부에서는 '국가균형'이라는 기존 정부의 정책 방향을 '지역발전', 특히 '광역발전'을 강조하는 정책으로 변화시켰다. 기존의 국가균형발전 특별회계를 광역·지역발전 특별회계로 변경하고, 이에 따라 정책 추진을 위한 계획 역시 '지역발전 5개년계획(2009~2013)'이라는 명칭으로 수립했다. 당시 '국가 경쟁력' 확보가 국가발전정책의 주요 목표가 되면서 '지역경제의 글로벌 경쟁력 확보'와 '삶의 질이 보장되는 지역공동체 창조' 등을 추구했다. 이를 실현하기 위해, ① 5+2 광역경제권의 성장 잠재력 확충, ② 시·군 기초생활권의 쾌적한 생활환경 조성, ③ 4+α 초광역권 개발을 통한 개방·협력 촉진, ④ 지방분권·규제 합리화를 통한 지역주도·상생발전을 4대 전략으로 추진했다. 특히, 지역발전정책과 관련해 포괄보조금제도를 도입함으로써 중앙정부에서 부처별로 기획해 지방에 보내던 기존의 수많은 단위사업들을 단순화시키고, 시·도와 시·군·구 지자체에 정책 추진 자율성을 부여하는 등의 큰 변화가 있었다. 이때 기초 지자체 지역은 도시활력증진지역, 일반농산어촌지역, 특수상황지역, 성장촉진지역의 4개 지역(3+1)으로 구분되었는데, 농촌 시·군은 일반농산어촌지역으로 구분되며 기존의 농촌지역에서 추진되던 여러 단위사업들 역시 일반농산어촌개발사업으로 단순화되고, 사업예산도 포괄보조금 방식으로 지출되도록 변경되었다. 그러나 의도대로 농촌개발 정책사업의 추진 방식이 크게 변화되고 포괄보조금제도가 완전히 실현되기에는 여전히 한계가 많았으며, 이러한 한계는 지방분권 및 재정분권의 한계와도 맥을 같이한다.

박근혜 정부에서도 전 정부와 마찬가지로 '균형발전' 정책이 아닌 '지역발전' 정책을 추진했다. 이전 정부의 광역·지역발전 특별회계를 '지역발전 특별회계'로 변경하고, 정책 추진을 위한 계획으로 '지역발전 5개년계획(2014~2018)'을 수립했다. 2013년 7월 '지역희망(HOPE) 프로젝트'를 발표해 지역행복생활권과 주민 삶의 질 개선을 중심으로 하는 지역발전정책 방향을 제시했는데, 지역희망 프로젝트의 비전을 중앙정부와 지자체의 실천과제로 구체화해 '지역발전 5개년계획'을 수립했다. 그 내용으로는 ① 지역행복생활권 활성화, ② 지역일자리 창출, ③ 교육여건 개선, ④ 지역문화 융성, ⑤ 복지의료체계 개선을 5대 분야로 구성하고 지역발전을 위한 21개 실천과제를 추진했다. 당시 지역발전정책의 기본 단위는 지역행복생활권으로, 이는 지자체들의 연계·협력을 강조하는 지역정책의 공간단위로 설정되었다. 동 생활권은 다시 기능적 연계 형태에 따라 도시권, 도농연계권, 농어촌생활권으로 구분되었는데, 이중 농어촌생활권에서는 농어촌 중심지(읍·면 단위)와 배후 마을간의 소생활권 활성화가 강조되었다. 전 정부에서 도입한 포괄보조금제도와 이에 따른 기초 지자체별 포괄보조사업은 일부 변화를 겪으면서 지속되었는데, 농촌지역에 대한 포괄보조사업(일반농산어촌개발사업)의 경우 그 규모가 지속적으로 감소했다.

문재인 정부는 탄핵과 함께 조기에 출범함에 따라 전 정부의 '지역발전 5개년계획'을 유지하다가 2019년부터 새로운 '국가균형발전 5개년계획(2019~2022)'을 수립해 추진하고 있다. 노무현 정부에서와 마찬가지로 '균형발전'을 다시 국가발전정책의 전면에 내세웠다. 정책 추진을 위한 회계 역시 '국가균형발전 특별회계'로 복원했다. '지역이 강한 나라, 균형 잡힌 대한민국'이라는 정책 비전과 '지역 주도 자립적 성장 기반 마련'이라는 정책 목표에 따라 사람, 공간, 산업 중심의 3대 전략과 9개 핵심과제를 선정해 균형발전정책을 추진하고 있다.[*] 특히 '매력 있게 되살아나는 농산어촌'의 실현을 위해 (1) 농촌 신활력 플러스 추진, (2) 농촌 3·6·5 생활권 구축, (3) 도시민과 함께 하는 농촌다움 회복, (4) 활력과 매력이 넘치는 어촌 조성, (5) 맞춤형 귀농·귀어·귀촌 정착 지원, (6) 재생에너지 보급 확대 등의 사업이 추진되고 있다.

특히 문재인 정부의 균형발전정책 특성 중 하나라 할 수 있는 것은 균형발전 지원체계의 개편이다. 이와 관련해 두 가지 측면에서 중앙정부와 지자체 모두에 큰 변화가 불가피하다. 하나는 중앙정부의 기존 재원 가운데 3.5조 원과 이를 사용하던 사업을 2020년까지 지방으로 이양한다는 점이고, 다른 하나는 지역이 스스로 수립한 지역발전전략 또는 계획을 관련 중앙부처들과 다년간 협약체결을 전제로 포괄적으로 지원하는 협약제도가 2019년부터 시범사업을 거쳐 2021년부터는

---

[*] (1) 사람 전략(안정되고 품격 있는 삶): ① 지역인재-일자리 선순환 교육체계, ② 지역자산을 활용한 특색 있는 문화·관광, ③ 기본적 삶의 보장을 위한 보건·복지체계 구축, (2) 공간 전략(방방곡곡 생기 도는 공간): ④ 매력 있게 되살아나는 농산어촌, ⑤ 도시재생 뉴딜 및 중소도시 재도약, ⑥ 인구감소지역을 거주강소지역으로, (3) 산업 전략(일자리가 생겨나는 지역혁신): ⑦ 혁신도시 시즌2, ⑧ 지역산업 혁신, ⑨ 지역 유휴자산의 경제적 자산화.

본 사업으로 확대되어 추진된다는 점이다. 이에 따라 당장 2019년부터 농식품부가 추진하던 일반농산어촌개발사업의 일부(마을사업, 기초생활인프라사업 등)는 재원이 지방으로 이양되었다.

　지금까지 검토한 내용을 중심으로 판단할 때 국가균형발전정책은 어떤 측면에서는 꾸준히 지속되어왔다고 할 수 있지만, 다른 많은 측면에서는 시기마다 서로 다른 전략과 정책과제를 기반으로 추진되어 왔다고 할 수 있다. 정책을 추진하기 위해서는 근거법과 계획, 예산(재원, 회계), 그리고 다양한 자원과 수단이 필요하다. 국가균형발전정책의 경우 이 가운데 근거법인 「국가균형발전특별법」이 노무현 정부부터 현

구분	노무현 정부	이명박 정부	박근혜 정부	문재인 정부
정책명칭	국가균형발전정책	지역발전정책	지역발전정책	국가균형발전정책
근거법	국가균형발전특별법	국가균형발전특별법	국가균형발전특별법	국가균형발전특별법
회계제도	국가균형발전특별회계	광역지역발전특별회계	지역발전특별회계	국가균형발전특별회계
계획명칭	국가균형발전5개년 계획	지역발전5개년계획	지역발전5개년계획	국가균형발전5개년 계획
정책핵심이슈	균형, 혁신	지역의 글로벌 경쟁력	지역 간 연계협력	균형, 자립성장
정책변화	균형발전정책 기반 구축	포괄보조금제도 도입	-	재정분권 확대, 협약제도 도입
주요 공간 단위	지자체	광역경제권	지자체 (행복생활권)	지자체
신규도입 균형발전 농촌 정책	신활력 사업	일반농산어촌 개발사업	활기찬 농촌프로젝트 (시범사업)	신활력 플러스 사업, 365생활권

<표 3> 정부별 국가균형발전정책

재까지 시행되고 있기에 법제도적 측면에서는 지속되어왔다고 볼 수 있다. 그러나 정부별로(정확히 말하면 정권별로) 구분해보면, 국가균형발전을 명시적으로 추구했느냐 아니면 상대적으로 효율성과 경쟁력을 강조한 지역발전을 명시적으로 추구했느냐의 차이가 있다. 각 정부별 국가균형발전정책 또는 지역발전정책은 〈표 3〉과 같이 정리할 수 있다.

스스로 존재론적 가치를 구축하고
목적론적 이상을 실현해야 할 농촌

국가균형발전정책은 정부별로 상이하게 추진되긴 했지만, 공통적으로 강조된 점들이 존재한다. 바로 지역의 역량강화, 자립적 성장, 분권의 강화, 도농 연계 및 지역 간 연계·협력, 통합적 개발 등이 이에 해당한다. 이러한 공통된 강조점은 농촌개발에도 적용되는데, 이는 과거와는 달리 이제 농촌지역이 자율성을 확대하고 역량을 강화하며 자립기반을 구축해야 한다는 현실을 반영한다. 국가적 차원에서도 농촌지역은 도농간 격차와 소외, 낙후 등으로 인한 문제를 해결해야 하는 곳이라는 방어적 정책 인식의 대상에서 벗어나, OECD의 '저밀도 경제(low-density economy)' 논의처럼 농촌이 국가발전에 기여할 수 있는 지역으로 인정되며 농촌의 발전을 기대·유도하는 방향으로 변화되고 있다.

그와 함께 농촌지역들의 다양성이 확대되고, 지역발전전략 역시 지역의 실정에 맞게 다양화되어야 하는 상황도 전개되고 있다. 과거와 같이 중앙정부에서 농촌 정책을 일일이 기획해 농촌지역에 사업과 예산을 보내는 것이 적합하지 않은 정책 환경이 조성되고 있는 것이다. 농촌지역은 국가균형발전정책에서 중요한 존재로 인식되고 있는 만큼, 지역발전을 위해 어느 때보다 농촌지역 스스로 노력과 책임을 다해야 할 때다. 즉, 이제 농촌지역들 스스로 나름의 존재론적 가치를 구축하고 목적론적 이상을 실현해야 한다. 다만, 최근 농촌지역을 중심으로 인구 과소화가 심화되면서 소멸 위기까지 언급되고, 이것이 '컴팩트와 네트워크'라는 발전전략으로 이어지면서 농촌지역이 주변부화될 가능성이 있다. 하지만 우리는 농촌지역 내부의 자립적 생활권 활성화가 이루어졌을 때 주민들이 체감할 수 있는 균형발전이 이루어질 수 있음을 꼭 상기해야 한다.

농촌의 새로운 가치 발견과 발전 전략에 대한 해외의 논의

농촌의 지리적 불리함을 극복하고, 농촌 공간의 가치와 새로운 가능성에 주목하여 이상적인 지역을 만들기 위한 시도와 방법에 대한 논의가 최근 해외에서 다양하게 나타나고 있다. 관계적 공간에 관한 논의, 저밀도 경제 논의, 농촌 및 국가 전체의 사회·경제적 문제 해결을 위한 이상적 농촌 공간 구현에 대한 논의, 그 밖에 선진국들에서 농촌의 새로운 가치와 기능에 대한 기대를 기반으로 국가 경쟁력의 강화 및 지속 가능한 발전을 위한 정책을 추진하고 있는 예 등이 이에 해당

한다. 또한 물리적 접근성에 바탕을 둔 기존의 지역발전 이론 대신, 최근에는 지역간 연계를 통해 지역의 불리함을 극복하는 관계적 공간 현상에 주목하여 농촌지역발전론을 전개하는 시도도 나타나고 있다(Copus & Lima 2015). 지리학과 지역학 연구자들은 전통적으로 농촌의 저발전과 도농간 격차를 발생시키는 핵심 동인으로 물리적 거리를 강조했으나, 최근 '관계적 전환(relational turn)'이라 불리는 논의에서 물리적 거리와 접근성을 초월하는 공간의 상호작용과 연결, 네트워크에 관심을 두는 접근이 이루어지고 있는 것이다(Amin et al., 2003; Copus & Lima 2015). 농촌에서도 지리적으로 인접하지 않은 지역간 새로운 사회·경제적 연계에 기초하여 '관계적 공간(relational space)'을 형성함으로써 기존 농촌의 지리적 불리함을 극복하고 새로운 발전을 도모하는 사례가 출현하고 있다(Shucksmith et al., 2012). 농촌 정책의 맥락에서 '관계적 전환'이 시사하는 바는 지역의 인적·물적 자원의 잠재력을 잘 발현시키기 위해 다양한 지역 간, 기능 간 연계를 활성화하는 것이 중요하다는 것이다(Skuras & Dubois 2014).

OECD는 '저밀도 경제' 논의와 사례지역 연구를 통해, 낙후된 농촌지역에서도 지역 특성에 부합하는 전문화된 산업 육성으로 지역의 발전과 함께 국가 성장에 기여할 수 있음을 보여주고 있다(OECD 2015; Kuhmonen & Kuhmonen 2015). 비록 저밀도 경제를 특정 농촌의 성장모델로 일반화할 수 없지만, 집적경제와 도시화경제에 기반을 둔 기존 지역발전 모델과 달리 농촌 같은 저밀도 지역이 국가 발전에 상당히 큰 부분을 담당하고 있음을 통계적 증거와 지역 사례를 통해 제시하고 있다. 저밀도 경제 논의에서는 농촌의 부족한 인력과 낮은 수준의 기업 집적 환경에서도 성장이 가능하고, 농촌 고유의 자연환경 및 천연자원에 기반한 신산업 영역이 부각된다. 또한 농촌의 산업기반을 고려하여, 지역 내부의 완결된 산업 생태계 구축보다는 타 지역과의 기능적 연계 등 다양한 공간 협력 모델이 강조되고 있다(OECD 2016).

이와 관련해 쿠모넨과 쿠모넨은 사회·경제적 변화를 일으키는 일반적인 요인들이 농촌지역에서 어떻게 작용하는지 분석하여 농촌 변화의 4가지 시나리오를 도출하고, 농촌에서 저밀도 경제가 발전하도록 혁신을 지원하는 효과적인 정책을 바람직한 농촌 변화 시나리오의 전제조건으로 강조하고 있다(Kuhmonen & Kuhmonen 2015). 이외에도 농촌지역의 사회·경제적 문제를 해결하고, 국가 전체의 다양한 사회문제에 대한 대안을 제시하는 것이 이상적인 농촌 공간 구현의 본질임을 강조하는 논의들도 나타나고 있다(Levitas 2007; Mackenzie 2012; Shucksmith 2018). 슉스미스는 기존 유토피아 논의의 연장선상에서, 사회구조적 요인에 의해 나타나는 농촌 및 기타 문제를 극복하기 위한 노력이 농촌 유토피아 조성의 본질임을 강조한다. 또 농촌 유토피아 조성을 위해서는 농촌의 정주 인프라 구축, 빈곤, 실업 등 농촌의 지역사회문제 해결을 위한 주민 주도형 거버넌스 구축 등과 같은 혁신적 정책 대안이 필요함을 강조한다(Shucksmith 2018). 매켄지는 스코틀랜드의 토지소유권에 대한 연구를 통해 지역 공동체가 농지를 공동소유함으로써 기존 대규모 자본의 농촌 침투를 방지하고, 지역 주민의 이해를 충실하게 반영하여 지역의 발전을 도모한 사례를 보여주고 있다

(Mackenzie 2012).

여러 선진국들의 경우 다양한 사회문제의 해결과 국가 발전(국가 경쟁력 강화, 지속 가능한 발전 등)의 견인을 위해 농촌에 많은 기대를 갖고 관련 정책을 추진하고 있다. 이와 관련해 영국은 환경식품농촌부(DEFRA)를 중심으로 2004년부터 미래 농촌에 대한 연구를 대폭 강화하여 발전전략을 수립하고자 시도했다. 일본은 인구 감소와 지방소멸 위기를 극복하기 위해 마을·사람·일자리 창생본부를 설치하고, 농촌에 청년이 정착할 수 있는 다양한 정책 및 정주기반 확충사업을 추진하고 있다. 마지막으로 프랑스의 경우에는 한국의 국가균형발전위원회와 유사한 조직인 '농촌을 위한 범부처 위원회'를 운영하고 있으며, '우리의 농촌성, 프랑스를 위한 하나의 기회'라는 구호 아래 농촌의 발전을 위해 22억 유로를 투자하고 있다.

농촌 정책과 균형발전 정책의 성과 및 한계

농촌 정책 및 균형발전 정책의 주요 성과

한국의 초기 농촌 정책은 지역사회개발(CD) 관점에서 추진되어 지역개발보다는 빈곤 퇴치나 이를 위한 생산성 증대에 초점을 둔 사회개발이나 사회운동에 가까웠다. 그러다 1980년대부터 본격적으로 지역개발 관점에서 농촌 정책이 추진되면서 시·군 단위의 종합적인 공간개발이나 읍·면을 중심으로 주변지역과 연계하는 정주생활권 개발 등이 이루어졌다. 2000년대 들어서는 물리적 개발 외에도, 농촌의 다양한 자원을 활용한 농업 외 경제활동 활성화, 농촌 주민들의 삶의 질 향상 등을 목적으로 하는 다양한 농촌 정책이 추진되었다.

이와 같은 일련의 정책 추진과 변화를 통해 농촌개발은 대규모 정부 예산이 투입되는 정책으로 발전했다. 포괄보조금제도 도입 후 추진된 일반농산어촌개발사업만 하더라도 2010~2017년 동안 122개 시·군에 7조2439억 원이 투입되었고, 농어촌 삶의 질 향상 정책에는 제3차 기본계획 추진기간(2015~2019)에 34조5000억 원이 투입되었다. 이러한 대규모 재원의 투입과 정책사업 추진으로 농촌의 생활여건이 개선되었다. 예를 들어 도로 포장률은 2005년 71.1퍼센트에서 2018년 89.4퍼센트로, 읍부의 도시가스 보급률은 2010년 36.2퍼센트에서 2018년 63.1퍼센트로, 면부의 상수도 보급률은 2009년 51.5퍼센트에서 2017년 76.3퍼센트로, 농촌의 하수도 보급률은 2009년 73.2퍼센트에서 2017년 85.2퍼센트로, 농촌의 인구 1000명당 의료기관 병상 수는 2005년 8.45개에서 2018년 15.18개로, 농촌의 0~4세 1000명당 보육시설 수는 2005년 10.8개소에서 2018년 15.2개소로 증가했다.

2000년대 중반 이후에는 경제활동의 다각화와 일자리 창출을 위해 농촌의 다원적 가치를 지니는 지역자원을 발굴하여 산업화하는 다양한 정책적 노력이 이어졌다. 신활력사업, 지역특화품목 및 향토산업 육성사업, 지역전략식품산업 육성사업, 농어촌 자원복합산업화 및 6차산업화 지원사업 등이 이에 해당한다. 정부의 이러한 노력으로 농촌에 농업 관련, 또는 농업 외의 다양한 경제활동이 발생하고 기업과 일자리가 창출되었다. 예를 들어, 6차산업 인증사업자는 2015년 802개소에서 2018년 1522개소로 증가했고, 참여 농가의 소득 역시 연평균 14.3퍼센트가 증가했다(농림축산식품부 2018). 향토산업 육성사업의 경우도 2015년 한 해 1686명의 고용과 805만3000달러의 수출 실적을 달성했다(김광선 외 2018). 이 시기 특히 도시-농촌 간 인구이동 패턴에 변화가 발생하며 귀농·귀촌이 꾸준히 증가했다. 2016년에는 귀농·귀촌·귀어 인구가 한 해에만 약 50만 명, 약 33만6000가구에 이르는 가운데, 귀농 인구의 40.1퍼센트, 귀촌 인구의 68.2퍼센트가 40대 이하로 나타나 귀농·귀촌의 확대가 농촌의 고령화를 완화하고 새로운 활력을 불어넣을 가능성이 증가했다(송미령 외 2017a). 그리고 지자체에서 농촌 지역개발사업을 실행하며 농촌주민의 역량강화 프로그램을 꾸준히 추진한 결과, 농촌의 주민역량이나 혁신역량이 증대되었다. 이외에도 귀농·귀촌 인구 중 석·박사 학위 보유자가 11.7퍼센트, 전문 자격증 보유자가 31.3퍼센트이며, 그 가운데 91.3퍼센트가 6차산업화에 참여하거나 향후 참여할 의사가 있어 귀농·귀촌이 농촌의 역량강화는 물론 지역발전에 기여할 가능성이 높아졌다(마상진 외 2015).

마지막으로, 그동안 꾸준히 추진해온 농촌 정책과 홍보로 농업·농촌의 중요성을 인식하고 가치를 부여하고 있는 국민들의 비중이 높아지고 있다. 농업인과 도시민 대상 한국농촌경제연구원의 설문조사 결과, 국민들은 국토의 균형발전, 식량의 안정적 공급, 환경 및 생태계 보전, 전통문화 계승 및 여가공간 제공 등의 기능을 농업·농촌이 제공하고 있다고 인식하고 있었다. 특히 이러한 기능에 대한 긍정적 인식은 농업인보다 도시민이 상대적으로 높은 것으로 나타났다(송성환·박혜진 2017).

농촌 정책 및 균형발전 정책의 한계

최근 농촌 정책을 추진하며 역량강화와 소프트웨어 성격의 프로그램 개발과 추진이 강조되고 있기는 하지만, 실제 사업 추진에서는 여전히 물리적 기반정비 중심의 농촌 정책 흐름이 온존하고 있다(유정규 2018). 이에 따라 최근 일부 정책사업에서는 하드웨어 성격의 기반구축 사업의 예산투입 비중을 제한함으로써 소프트웨어 성격의 사업 비중을 높이도록 하고 있다. 물론 필요한 하드웨어 기반 구축은 추진해야 하겠지만, 해당 하드웨어가 실질적으로 농촌 활성화에 도움이 되는지, 기존의 유휴시설을 활용하거나 복합화하는 등의 방법은 없는지 면밀히 고민해야 한다. 특히 최근 농촌 정책에서 '사람'이 중요하다는 인식이 확산되고 있고, 농촌지역의 역량강화를 위해 주민 조직화나 중간지원조직의 설립·운영이 강조되고 있는 점 등을 고려할 때, 앞으로도 농촌의 발전을 위한 농촌 정책 추진내용과 방식에 많은 변화가 요구된다.

농촌 유토피아의 실현을 위해서는 도시 못지않게 농촌에서의 삶의 질이 담보되어야 한다. 그간 많은 정책사업들이 농촌 주민의 삶의 질 향상을 위해 추진되어왔지만 농촌 주민의 정주 만족도는 도시민의 정주 만족도에 미치지 못하는 것이 현실이다. 특히, 농촌 주민들의 경우 제3차 삶의 질 기본계획의 삶의 질 정책 7대 부문 중 경제활동·일자리 부문과 문화·여가 부문에 대한 삶의 질 만족도가 가장 낮은 것으로 나타나고 있다. 또 농촌에서 만족도가 높을 것이라 예상할 수 있는 환경·경관 부문의 삶의 질 만족도도 도시민에 비해 낮은 것으로 조사되었다(정도채 외 2016).

그리고 정부의 예산 지원이 종료된 후 농촌개발사업의 사후관리에 대한 정책적 관심과 노력이 부족한 것도 문제이다. 앞서 언급했듯이 농촌발전을 위해 연간 수조 원의 예산이 투입되고 있는데, 정부의 지원이 종료된 이후 사업 운영의 지속 가능성을 담보하지 못하는 지역이

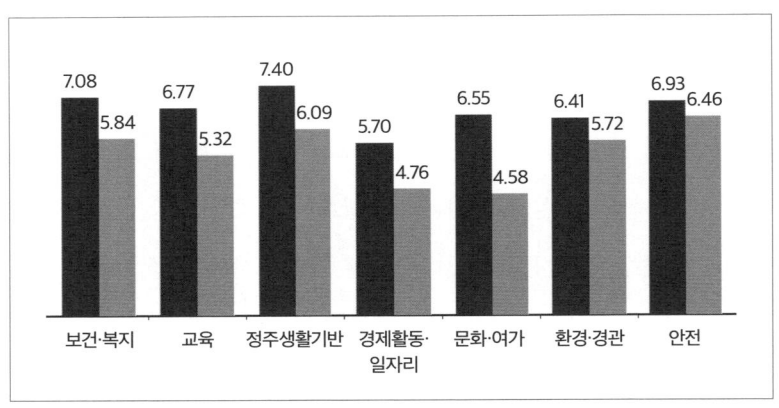

<그래프 1> 삶의 질 부문별 만족도 조사 결과
도시와 농촌 주민 3287명이 분야별 만족도를 10점 만점으로 응답한 결과를 집계함(정도채 외 2016)

적지 않다. 특히 사업의 지속적인 운영을 위한 인건비와 관련 시설의 관리·운영비를 자체적으로 충당하기 어려워 사업이 중단되고, 해당 시설은 유휴화되는 경우가 적지 않다(김광선·이규천 2012).

또, 농촌 정책의 수혜 대상을 국민 전체로 확대하기에는 부족한 것이 현실이다. 농촌 유토피아는 해당 농촌에 거주하는 주민만을 위한 정책 구상으로 끝낼 일이 아니다. 농촌이 농업인이나 농촌 주민에게만 귀속되는 공간이 아니기에, 농촌 유토피아 역시 농업인이나 농촌 주민을 포함한 국민 모두가 살고 싶고, 머물고 싶고, 방문하고 싶은 곳으로 만들어야 한다. 이런 관점에서 볼 때 기존의 농촌 정책은 정책의 대상 또는 수요자를 주로 농업인이나 농촌 주민에게 한정한 경향이 있다.

농촌 지자체에서 농촌개발을 추진할 때 자율성 부족과 주민 및 지역사회의 참여 부족도 문제가 된다. 기든스의 논의처럼 유토피아 실현을 위해서는 자아정체성에 기반한 자율성과 공동체에 기반한 연대성

대상	사업명	지역/기관	사업 내용
청년층	청년행복결혼공제사업	충청북도	60만 원(5년간)
	친환경청년농부육성사업	충청남도	친환경농산물 생산시설지원
	청년쉼표프로젝트	전라북도 전주시	청년수당 50만 원(3개월)
	전남청년마을로프로젝트	전라남도	급여 200만 원+α
	일하는청년시리즈	경기도	청년연금(10년 연 120~360만 원) 마이스터통장(2년 월 30만 원) 복지자금(연 120만 원)
	청년커플창업지원	경상북도	젊은 부부 대상 6000만 원 창업비 지원
	도시청년시골파견제	경상북도	1인당 3000만 원
	청년해외인턴사업	경상남도	허외기업 인턴기회 제공
	청년수당	서울	청년수당 50만 원(2~6개월)
	1석5조 인천청년 사랑프로젝트	인천	중소제조기업 청년근로자 연 120만 원 복지자금
	청년취업희망카드	대전	30만원(6개월)
청년층 / 고령층	세대융합 창업캠퍼스	중소기업벤처부	기술, 경력, 네트워크를 보유한 퇴직자와 청년의 아이디어를 결합한 예비 창업팀 발굴 및 창업 준비 지원.
중장년층	50플러스 보람일자리사업	서울	사회적 경험과 전문성을 갖춘 서울시 50+세대에게 사회공헌 일자리를 제공하여 지속적인 사회참여 기회와 안정적 일자리 제공
	베이비부머세대 새출발설계 맞춤 창업학교	경상북도	베이비부머, 은퇴자 중 예비창업자 등 300명을 대상으로 창업교육과 멘토링, 네트워킹, 창업준비 공간, 컨설팅 등 지원(2019년 예정)
	중장년 일자리 희망센터	고용노동부	전직을 원하는 40세 이상의 퇴직(예정)근로자에게 재취업과 창업 등 다양한 지원 서비스 제공, 전국 시도별로 종합센터 운영
	시니어 기술창업센터	중소기업벤처부 K-startup	만 40세 이상 예비 창업자 또는 창업 후 3년 이내 기업 대상으로 전국 25개 센터에서 창업공간 지원 및 경영, 마케팅 교육, 전문가 상담 지원
고령층	실버택배	CJ대한통운 &지자체(서울, 부산, 인천, 전남 등 협약)	택배기사가 아파트 단지 및 주택단지 등에 마련된 '배송거점'에 물품을 두면 배송거점 1~2km에 거주하는 '실버 배송원'이 친환경 전동 카트를 이용해 가정마다 물건 배송
	시니어 스팀세차단, 사회적경제형 식물공장	경기도	임시사무실과 세차 시설·장비 구매 등 지원 (시·군 확대 예정) 사회적경제형 식물공장 위해 3억5000만원 예산 확보(2019년 설립 예정)
	은빛 멘코칭사업	대전광역시	고경력 은퇴 과학기술인 활용 멘토링 및 코칭
	시니어인턴십사업	보건복지부, 한국노인인력개발원	3개월간 인턴십 참여 후 장기근로계약 체결 시 1인당 최대 240만원 인건비 지원

<표 4> 정부·지자체 농촌 인력 유치 및 양성 사업

이 무엇보다 중요하다. 2010년부터 포괄보조금제도에 기반한 일반농산어촌개발사업을 추진하며 농촌개발에 농촌 지자체의 자율성을 일정 정도 부여하고, 최근에는 지방분권을 강화하면서 재정분권까지 확대하여 일반농산어촌개발사업의 세부 사업 가운데 마을사업과 기초생활인프라 구축사업을 예산과 함께 지자체로 이양하기로 했다. 그러나 여전히 많은 농촌개발사업들이 중앙정부의 지원을 바탕으로 추진되고 있는 한계가 있다. 또 많은 농촌개발 사업을 추진할 때 주민들의 의견을 수렴하고 다양한 주민 조직을 육성하도록 의무 수준으로 권고하고 있지만, 단지 행정적 조치로만 이러한 과정을 거치고 있는 경우가 적지 않다. 농촌개발 추진의 자율성과 주민 및 지역사회의 참여를 증진하기 위해서 실질적인 지역 거버넌스, 특히 농촌개발의 지역 거버넌스가 제대로 구축되고 작동하도록 지원하는 것이 필요하다.

끝으로, 최근 농촌 정책의 경향을 보면 대부분의 농촌 지자체에서 인력 양성 및 유치를 위해 다양한 노력을 시도하고 있다. 또한 중앙정부나 유관 조직에서도 이를 위한 각종 지원사업을 추진하고 있다. 그런데 지자체의 관련된 사업들을 보면 다양한 연령층과 사회계층을 아우르기보다는 〈표 4〉와 같이 청년층의 유입에만 초점을 두는 경향도 한계라고 할 수 있다.

농촌 유토피아의 구상을 위하여

 농촌 유토피아 구상을 위해서는 가장 먼저 한국 사회가 실현하고자 지향하는 미래의 농촌 모습을 제시하는 한편, 이러한 모습을 실현하는 데 걸림돌이 되고 있는 현재의 문제들을 다층적으로 분석해야 한다. 유토피아 논의는 현실에 대한 비판적 인식과 현실과는 다른 이상적인 또는 바람직한 미래라는 두 바퀴 및 이들을 연결하는 실천이라는 축으로 구성된다. 따라서 농촌 유토피아 역시 한국 사회가 바라는 미래 농촌의 모습을 제시하고 이의 실현에 걸림돌이 되는 다양한 문제들을 분석한 뒤, 현실 문제의 개선과 미래 농촌의 실현을 위한 정책 구상으로 구체화될 필요가 있다.

 농촌 유토피아는 마을에서 시작해서 권역, 읍·면, 도-농 연계의 단위와 수준에 이르기까지 다층적으로 접근·구상되어야 한다. 농촌 유토피아의 조성 사례를 통해 확인했듯이 농촌 유토피아는 다양한 공간 수준에서 접근되고 있다. 이러한 다양성은 특정 선택지를 제시하는 것이라기보다는 다양한 수준에서 농촌 유토피아를 구상해야 한다는 의미를 갖는다. 이는 농촌 유토피아가 좁게는 마을 공동체 수준에서 구상될 수도 있고, 넓게는 도시와 농촌의 연계를 통해, 또는 모든 도시와 농촌을 아우르는 국가 차원에서 구상될 수도 있다는 점을 의미한다.

도-농의 연계 단위나 국가 차원에서의 농촌 유토피아 구상에는 도시의 문제와 농촌의 문제를 도-농 연계를 통해 함께 해결하기 위한 정책 구상, 농촌의 이상적인 정주권·경제권 등의 설계를 위한 정책 구상, 국가적 차원의 공간계획을 위한 정책 구상 등이 포함될 수 있을 것이다. 반면, 마을이나 권역, 읍·면 수준에서의 농촌 유토피아 구상은 주민 참여, 지역의 화합과 연대, 조화와 균형, 공평성과 평등과 같은 공동체 원리의 실현과 실천을 위한 정책 구상이 포함된다. 이렇듯 농촌 유토피아의 구상은 다양한 수준에서 다차원적으로 접근할 수 있지만, 유토피아 논의와 농촌 유토피아 조성의 실천 사례 및 기존 농촌 정책 등에 대한 검토를 바탕으로 볼 때 '농촌 유토피아 구상의 기본 원리'는 '참여, 화합과 연대, 조화와 균형, 공평성과 평등, 도-농 연계' 등이라 할 수 있다.

농촌 유토피아 구상에는 농업인 등의 농촌 주민과 도-농 주민 모두를 포함하는 국민 전체가 고려되어야 한다. 농촌이 농촌 주민만을 위한 배타적 공간이 아니듯이, 농촌 유토피아 구상에는 당연히 농촌 주민만 고려되어서는 안 된다. 향후 농촌 주민을 포함한 전 국민을 농촌 정책의 고려 대상으로 삼아, 전 국민이 농촌 유토피아의 구상 또는 실현을 위한 정책 구상에 포함되어야 한다. 따라서 농촌 유토피아는 도-농 주민 모두를 고려한 살고 싶은 농촌, 머물고 싶은 농촌, 방문하고 싶은 농촌의 모습을 의미한다.

어떤 농촌을 농촌 유토피아라 할 수 있는가라는 질문을 통해 농촌 유토피아의 조건을 도출하고, 앞으로 이를 충족시키기 위한 정책 구상이 필요하다. 농촌 유토피아 조성의 다양한 실천 사례들을 볼 때 자율성, 사회적 참여와 연대, 기본적인 수준 이상의 안정적 소득 창출, 일상생활에 필요한 기초생활 인프라와 기초서비스 공급, 안전, 쾌적한 환경, 일과 생활의 균형(워라밸), 자아정체성의 확립과 가치 실현에 의한 삶의 만족 등이 개인 차원에서 본 농촌 유토피아의 조건이라 할 수 있다. 한편, 지자체 및 국가 차원에서 도출할 수 있는 농촌 유토피아의 조건에는 참여적 거버넌스의 구축, 참여와 연대에 기반한 사회자본의 구축과 커뮤니티 역량 강화를 들 수 있다. 또 공간구조의 측면에서 특수성을 띠고 특히 서비스 접근성이 부족한 농촌에서 혁신적 방식의 서비스 공급, 지역공동체의 조직과 활동을 통한 농촌형 일자리의 창출과 경제적 지속 가능성 확보, 농촌 환경과 경관의 보존, 다양한 연령과 특성의 사람들이 살고 체류하고 방문할 수 있는 개방적 환경 등과 같은 조건들이 포함될 수 있다.

2장

사회경제의
변화 트렌드와
농촌의
미래 전망

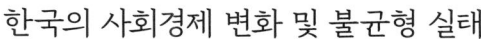

한국의 사회경제 변화 및 불균형 실태

한국의 사회경제 변화

한국은 압축 성장을 통해 양적 경제발전을 이룸으로써 과거와 비교해 물질적으로 매우 풍요로워졌다. 한국전쟁 이후 급격한 산업화를 통해 1960년 20억 달러에 불과하던 국민총소득이 2017년 1조 5302억 달러로 765.1배 성장하고, 1인당 주거 면적도 2010년 28.5m²에서 2016년 33.2m²로 늘었으며, 최저주거기준 미달 가구 비율도 2010년 10.6퍼센트에서 2016년 5.4퍼센트로 감소했다. 노동자의 월 평균 소득도 2010년 222만 원에서 2016년 247만 원으로 증가하고, 노동시간도 2010년 주 45.2시간에서 2017년 42.8시간으로 감소했다.*

그러나 저성장의 지속, 저출산과 급속한 고령화, 높은 자살률, 소득 불균형 심화 등으로 사회 전반의 활력이 약화되고 장래에 대한 불안감이 높아지며 국민의 삶에 대한 만족도나 행복 수준이 그리 높지 않은 실정이다. 1990년대까지 연 10퍼센트의 경제성장률이 2011년 이

---

* 이상 통계청의 국민 삶의 질 지표 참조.

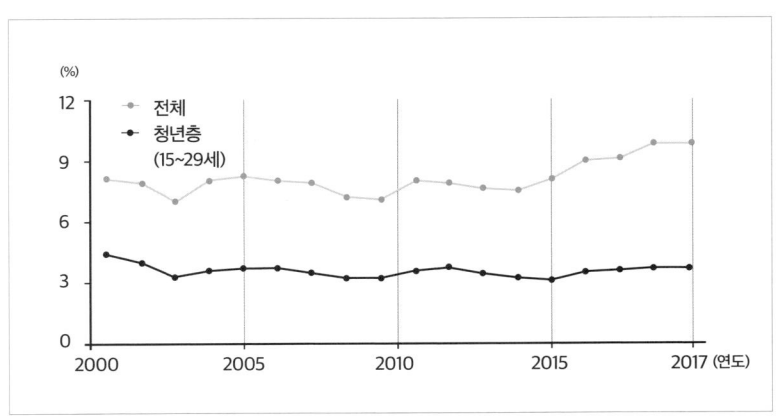

<그래프 2> 대한민국의 실업률 및 청년 실업률 변화(통계청)

지표	BLI (Better Life Index)	HDI (Human Development Index)		HPI (Happy Planet Index)		IMD 국가경쟁력	
시작년도	2011	1990		2006		1989	
작성목적	물질적 생활조건, 삶의 질, 기속가능성을 세 가지 축으로 하는 천반적인 웰빙 수준 평가	각, 국가의 수명, 교육수준, 생활수준 등 세 가지 차원으로 삶의 질 평가		지속가능성을 고려하여 삶의 행복 지표, 환경오염지표, 기대지수 등을 평가		국가경쟁력 측정에 삶의 질 지표를 포함	
작성기관	OECD	UNDP		NEF		IMD	
특징	주관 및 객관적 지표를 망라한 11개 분야 24개 지표로 구성 시계열 변화와 국제비교 가능한 자료와 지표를 제공	평균수명, 교육정도, 교육기회, 1인당 GDP 등 객관적인 지표로 측정된 종합지수에 따라 국제비교 보고서를 매년 발표		주관적 생활만족도, 평균수명, 생태발자국 등 세 가지 차원으로 구성. 소득 및 경제적 조건 배제		설문조사 결과를 바탕으로 순위 산출. 국가 경쟁력 지표로 활용	
조사년도	2015	2017	2014	2018	2012	2018	2015	2018
우리나라 순위/비교 국가수	27위/36	29위/38	15위/187	22위/189	63위/151	80위/140	25위/61	27위/63

<표 5> 국제적인 삶의 질 지표와 우리나라의 순위

후로는 3.0퍼센트 안팎으로 떨어져 지속적인 저성장 상태로 전환되었다. 통계청 가계동향 조사의 시장소득(세전)을 통해 지니계수를 계산하면, 2006년 0.330이었던 계수 값이 2016년에는 0.353으로 증가하여 불평등도가 높아졌다. 젊은 세대는 높은 실업률 등으로 미래에 대한 불안감이 커지고 출산율이 급격히 감소해 합계출산율이 2018년 하반기에는 0.97까지 떨어졌다. 또한 65세 이상 고령 인구의 비율은 2000년 7.03퍼센트에서 2018년 14.76퍼센트로 20여 년 만에 2배 이상 증가했다. 한편, 자살률은 감소 추세이긴 하지만 2017년 기준으로 인구 10만 명당 25.6명에 달해 OECD 국가 중 2위에 해당한다.

한국의 불균형 실태

한국은 서울 같은 거점도시를 중심으로 압축 성장을 추진한 까닭에 인구·사회·경제의 불균형이 매우 심각하다. 이러한 불균형은 수도권/비수도권, 도시/농촌 등 공간과 연령, 소득 등 다양한 층위에서 동시다발적으로 심각한 상태다. 예를 들어, 인구의 경우 수도권에 거주하는 인구가 1990년 전체 인구 중 42.8퍼센트였는데 2015년에는 더 증가해 49.5퍼센트에 달했다. 공간 분포를 보면 일부 대도시를 중심으로 인구가 더욱 집중되었음을 알 수 있다.

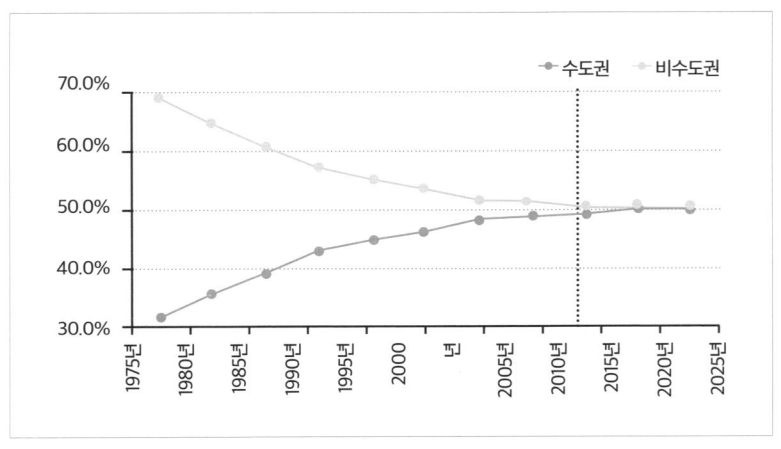

<그래프 3> 인구 불균형 실태 - 수도권/비수도권 인구 비율

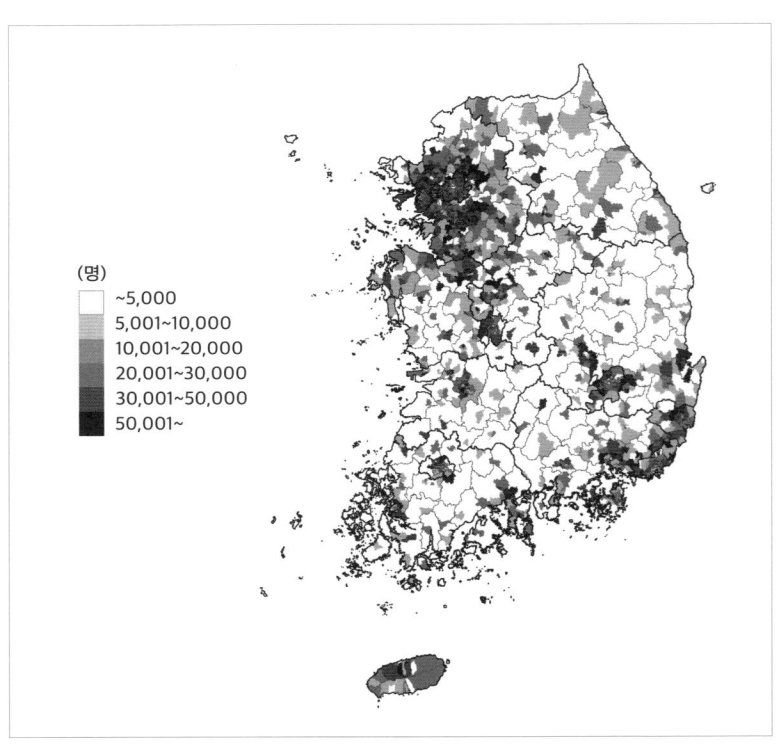

<지도 1> 2015년 읍면동 인구분포도

비수도권에서 수도권으로 이동하는 인구의 절대량은 감소하고 있지만, 비수도권 지역 청년층의 유출이 매우 많아 지방의 활력이 저하될 것으로 예상된다. 비수도권의 20~30대 이동자 중 50퍼센트가 수도권으로 이동하여, 2000년대 이후 수도권에 거주하는 20~30대 인구 수가 비수도권보다 훨씬 많다.

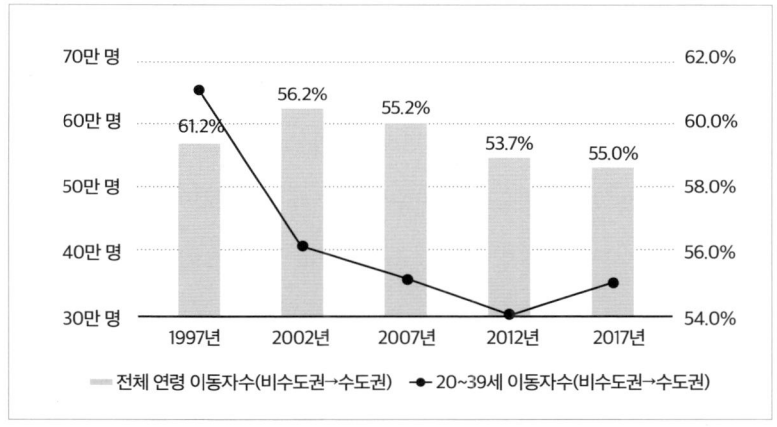

<그래프 4> 청년층 불균형 실태-수도권/비수도권 인구 이동

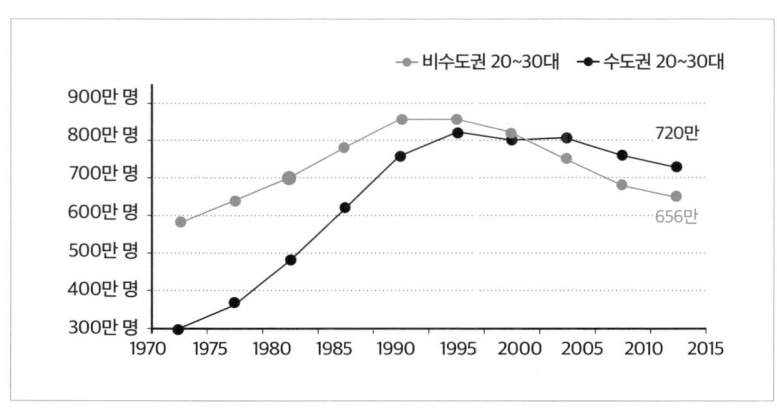

<그래프 5> 수도권/비수도권 인구 중 20~30대

더 심각한 문제는 도시와 농촌의 인구 불균형이다. 농촌 인구는 지속적으로 감소해 2015년 기준으로 전체 인구의 18.4퍼센트까지 감소했다. 특히, 농촌의 65세 이상 고령화율은 심각한 수준으로 일부 지역의 경우 주민의 절반이 65세 이상인 경우도 많다. 비수도권 및 농촌지역의 합계출산율은 수도권과 도시지역에 비해 높지만, 절대적인 인구가 부족할 뿐만 아니라 청년층이 적고 고령화율이 높아 아이가 없는 농촌지역이 증가하고 있다. 이렇게 인구 불균형이 심화되어 지방, 특히 농촌을 중심으로 '인구 소멸'이라는 극단적인 이야기도 나오고 있다.

　산업 및 일자리 측면에서도 수도권과 비수도권, 도시와 농촌의 불균형이 발생하고 있다. 수도권과 비수도권의 구도로 보면 비수도권이 사업체 수는 많지만 종사자(일자리) 수는 적고, 그나마 이러한 분포도 대

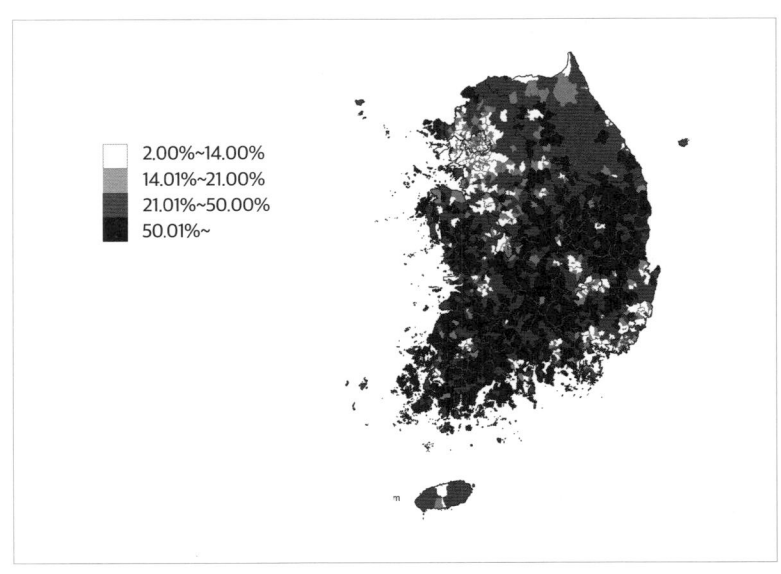

<지도 2> 2015년 고령화율

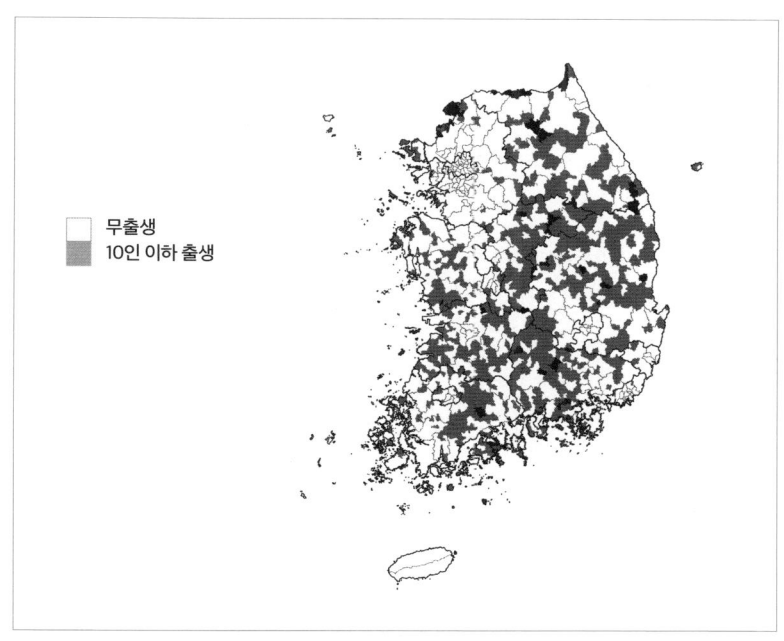

<지도 3> 2015년 무출생 및 10인 이하 출생 읍면 분포

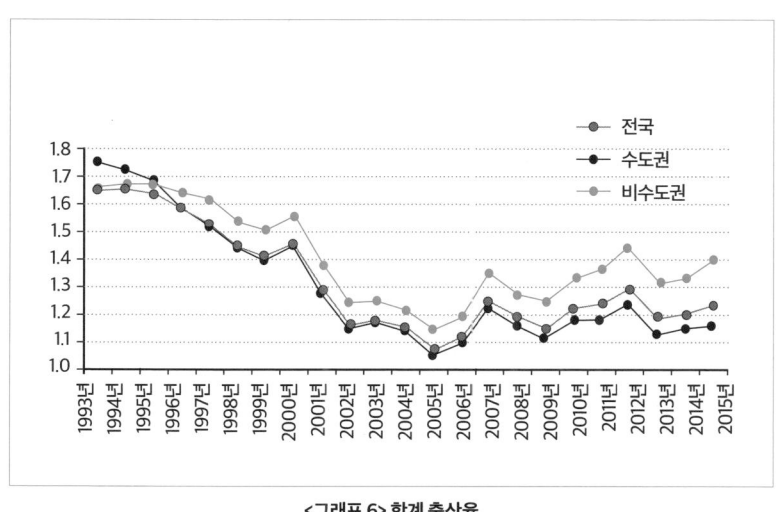

<그래프 6> 합계 출산율

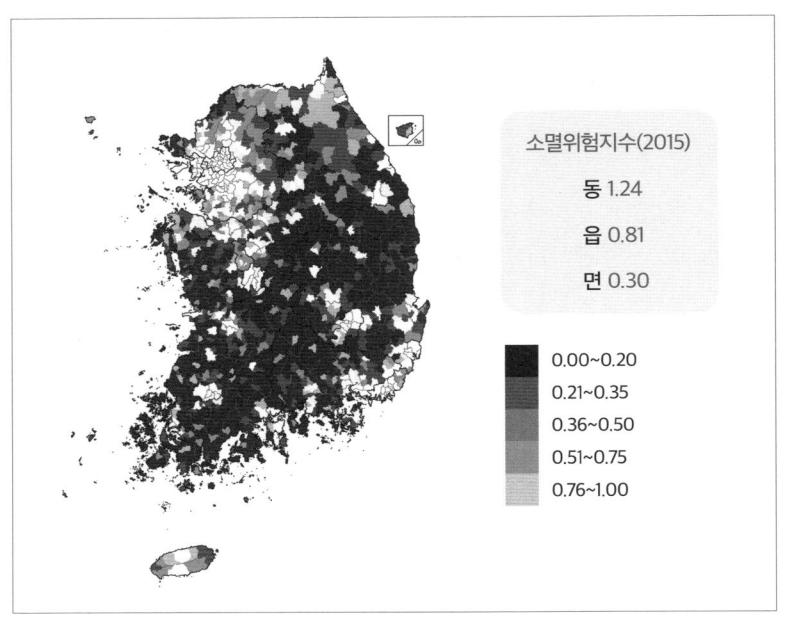

<지도 4> 2015년 읍면동별 소멸위험지수 분포

도시와 그 주변부, 충청 북부에 편중하여 밀집되어 있다. 사업체 수 측면에서 도시와 농촌을 살펴보면, 2015년 기준 도시에는 약 311만 개의 사업체가 있지만 농촌에는 77만 개뿐으로 심각한 불균형 상태다.

소득 불균형을 보여주는 대표적인 지표인 지니계수를 보면 한국의 소득 불균형은 점점 심각해지고 있는데, 특히 도농간 소득 격차가 커지고 있다. 상대적 빈곤률도 2015년 13.8퍼센트에서 2016년 14.7퍼센트로 상승하고, 도시노동자 가구소득 대비 농가 소득 격차는 시간이 지날수록 점차 커져 2018년 농가 평균 소득은 도시 노동자 가구 평균 소득의 64.8퍼센트 수준에 그치고 있다.

인구, 산업, 일자리, 소득 등의 불균형과 함께 삶을 영위하는 데 필요한 서비스 접근성과 관련된 불균형도 지방과 농촌지역에서 나타나고 있다. 송미령 외(2016)의 연구에서 전국의 층별 건축물대장을 활용해 생활에 필요한 서비스 시설의 접근성을 분석한 결과, 서비스 접근성이 낮은 지역들은 대부분 지방 및 농촌지역에 분포하며 접근성 하위 20퍼센트인 서비스 접근성 취약지역에 175만여 명이 거주하고 있는 것으로 파악되었다.

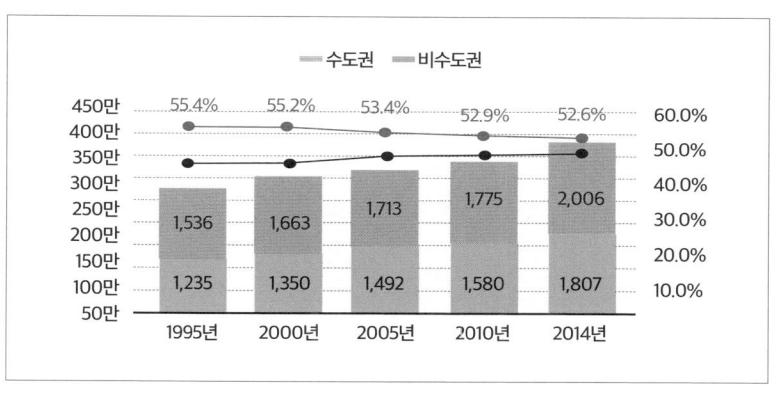

<그래프 7> 수도권/비수도권 사업체 변화

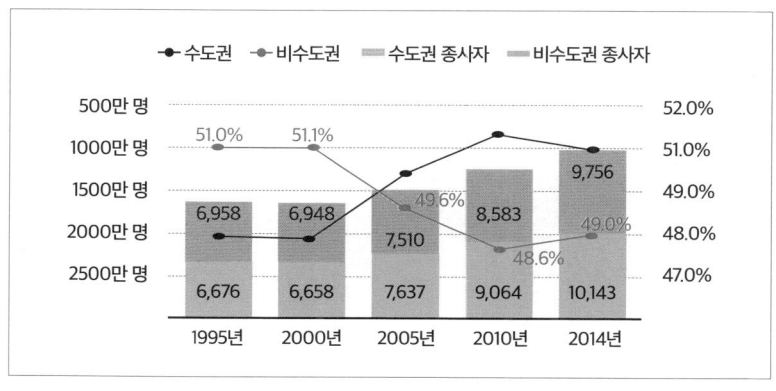

<그래프 8> 수도권/비수도권 종사자 수 변화

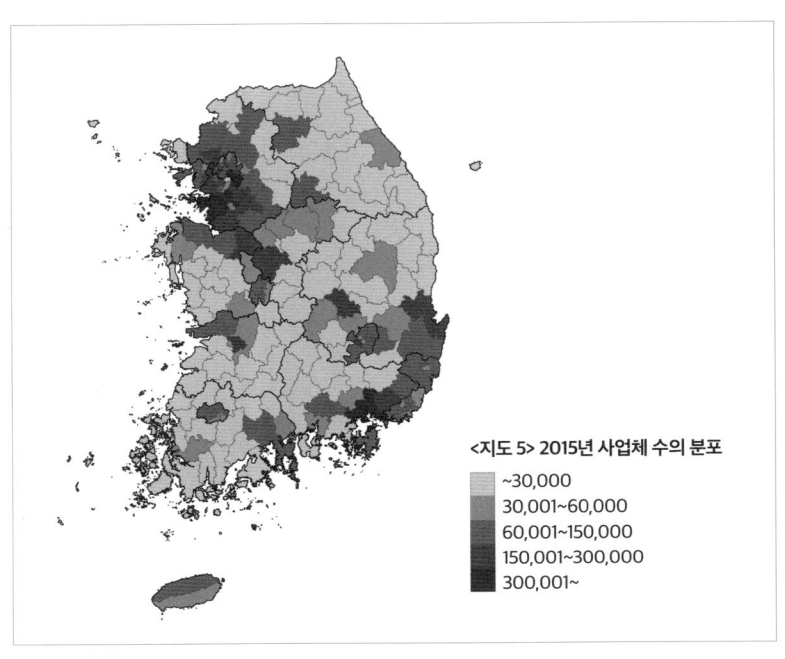

<지도 5> 2015년 사업체 수의 분포
- ~30,000
- 30,001~60,000
- 60,001~150,000
- 150,001~300,000
- 300,001~

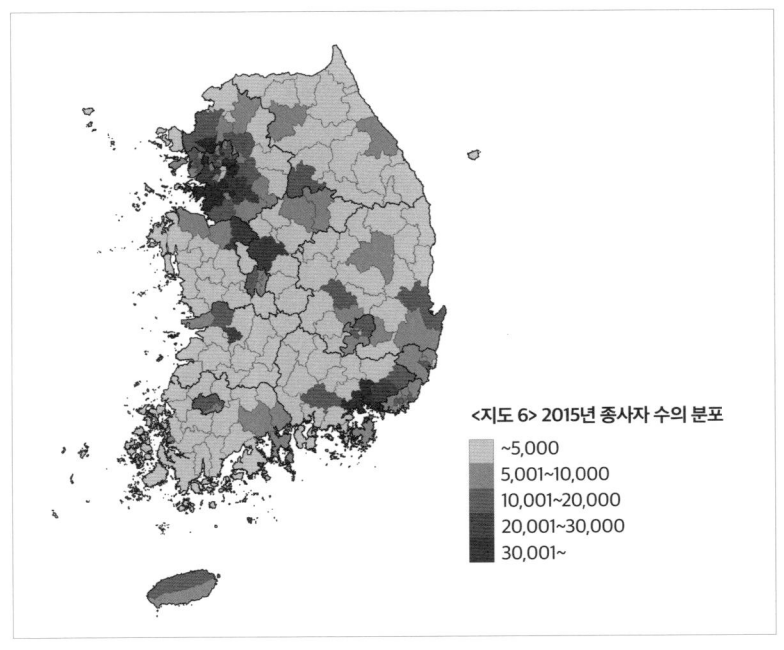

<지도 6> 2015년 종사자 수의 분포
- ~5,000
- 5,001~10,000
- 10,001~20,000
- 20,001~30,000
- 30,001~

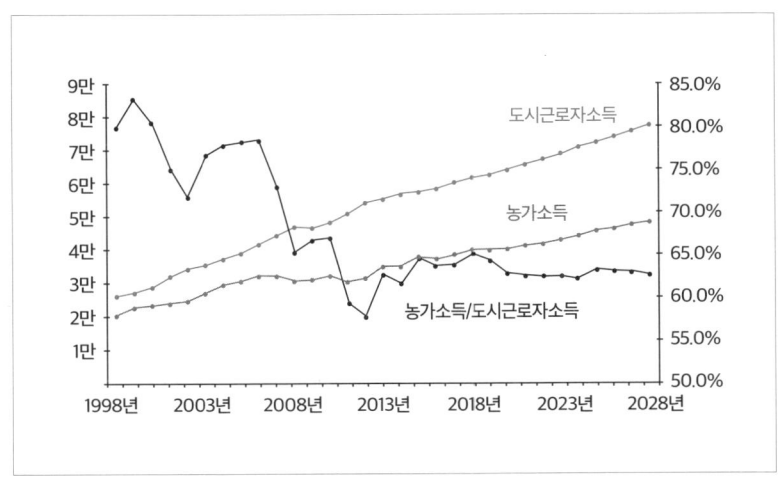

<그래프 9> 도시근로자 가구소득 대비 농가소득 비율 전망

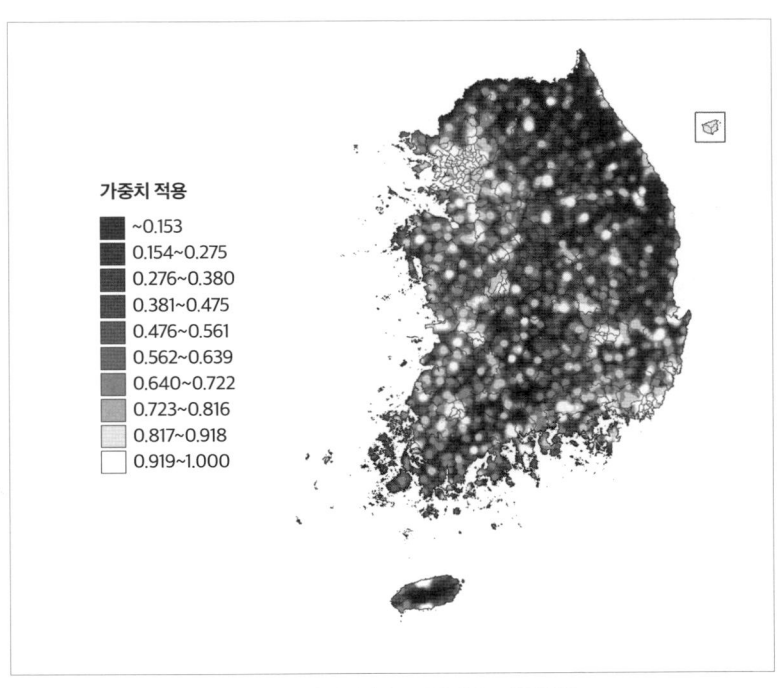

<지도 7> 2016년 생활서비스, 공공서비스 접근성 분포

농촌의 새로운 변화

농촌의 인구 감소와 고령화

농촌 인구는 1970년대 전국 인구의 58.8퍼센트로 약 1817만 명이었는데, 급격한 도시화와 함께 지속적으로 감소해 2010년에는 전국 인구의 18.0퍼센트인 939만 명으로 감소했다. 최근에는 귀농·귀촌의 영향으로 2017년 전국 인구의 18.7퍼센트인 963만 명으로 소폭 증가했다. 그런데 농촌지역에서도 상대적으로 인구가 밀집한 읍 지역은 인구가 꾸준히 증가하는 반면, 면 지역에 거주하는 인구는 급감하다가 최근 소폭 증가하는 추세다.

농촌의 고령화는 전국의 추세보다 더 빠르게 진행되고, 공간적으로도 확산되는 경향을 띤다. 농촌 인구 중 65세 이상인 고령인구의 비율은 2015년 기준으로 21.4퍼센트에 달하며, 이 비율이 20퍼센트를 초과하는 읍·면이 1182개로 전체의 84.2퍼센트에 달해 대다수의 농촌이 초고령지역으로 분류된다.

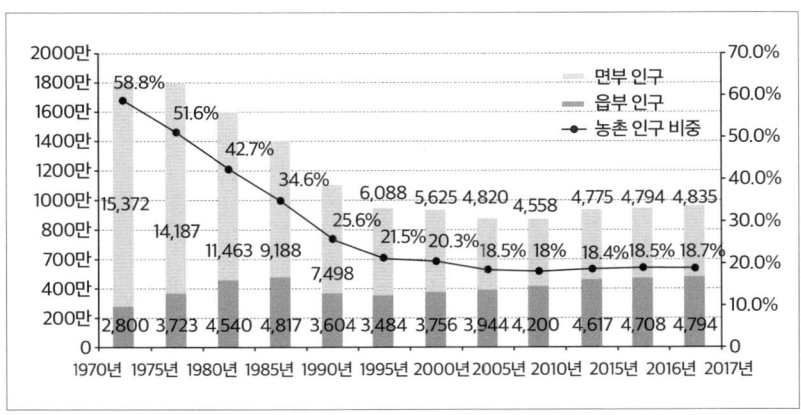

<그래프 10> 농촌 인구 변화

구분	2000년	2005년	2010년	2015년
고령인구비율 (65세이상)	14.7%	18.6%	20.9%	21.4%
일반읍·면	39(2.8%)	21(1.5%)	14(1.0%)	5(0.4%)
고령(화)읍·면	591(42.1%)	339(24.2%)	239(17.0%)	217(15.5%)
초고령 읍·면	773(55.1%)	1,043(74.3%)	1,150(82.0%)	1,182(84.2%)
총합계	1,403(100%)	1,403(100%)	1,403(100%)	1,404(100%)

<표 6> 농촌 고령화 현상(단위 개)

새로운 생활양식의 등장과 농촌 수요의 확대

최근 농촌을 둘러싼 새로운 변화가 감지된다. 첫 번째로 꼽을 수 있는 변화는 2000년대 중반 이후 이도향촌 비율이 증가하면서 농촌에 순유입이 증가하고 있다는 점이다. 최근 귀농·귀촌 인구에서는 20·30대

67

가 가장 큰 비중을 차지하고 있다. 청년층은 직업과 교육을, 장·노년층(50대 및 60대 이상)은 주택을 목적으로 농촌에 이주하는 비율이 상대적으로 높아 도시 문제와 연관성이 있음을 시사한다. 특히 농촌으로 이주하는 인구 중에서 경기도 및 비수도권 광역시(세종시 포함) 인구가 차지하는 비율이 높아지는 추세다(전체 귀촌 인구의 약 2/3).

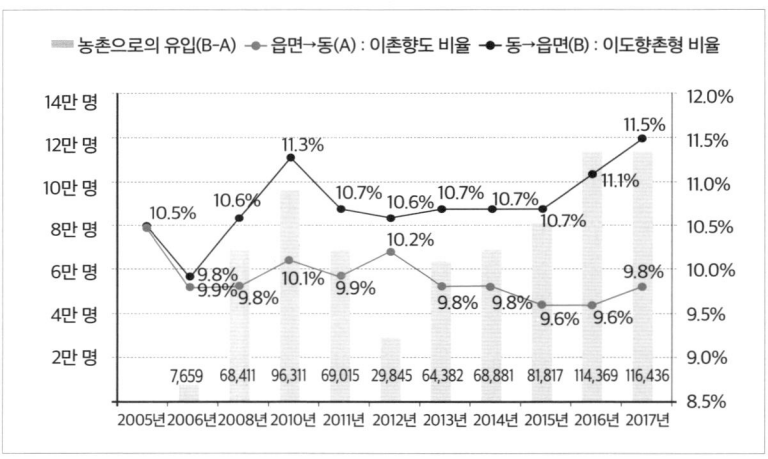

<그래프 11> 도-농 인구이동 패턴

구분	직업	가족	주택	교육	교통	건강	기타	전체
20세 미만	14.9	2.7	4.9	70.8	1.1	1.0	4.5	100.0(5,749명)
20~30세	61.4	8.0	14.5	7.9	1.6	1.4	5.3	100.0(59,938명)
30~39세	43.6	10.8	33.3	2.1	1.9	2.1	6.2	100.0(84,314명)
40~49세	41.7	7.8	33.7	3.6	2.1	4.1	7.0	100.0(73,245명)
50~59세	36.4	7.1	38.9	0.7	2.8	6.7	7.4	100.0(66,968명)
60세 이상	18.9	8.4	46.6	0.3	5.0	11.9	8.9	100.0(67,834명)
합계	39.7	8.4	33.4	3.9	2.6	5.1	6.9	100.0(358,048명)

<표 7> 농촌 전입가구주의 연령별 이동사유(단위 %)

이동 전 거주지역	2013	2014	2015	2016	2017
수도권	43.1	41.6	43.6	42.8	42.3
서울특별시	15.6	15.1	15.6	15.1	14.2
인천광역시	4.1	4.0	4.1	4.1	3.9
경기도	23.4	22.5	23.9	23.7	24.2
비수도권	56.9	58.4	56.4	57.2	57.7
6대 광역시	22.8	22.8	23.0	24.2	24.7
강원도	3.4	3.5	3.3	3.3	3.0
충청북도	3.0	2.9	3.3	3.3	3.5
충청남도	4.7	4.5	4.3	4.5	3.7
전라북도	3.8	4.0	3.9	3.6	3.4
전라남도	4.4	4.9	3.4	2.9	3.3
경상북도	5.7	5.4	5.5	6.0	6.3
경상남도	8.2	9.4	8.7	8.2	8.5
제주특별자치도	0.9	1.0	1.1	1.3	1.4
합계	100.0	100.0	100.0	100.0	100.0

<표 8> 귀촌인구의 전 거주지역 현황(단위 %)

    귀농·귀촌 인구의 전출지-전입지를 유선도(flow map)로 표현하면, 대체로 이동 인구는 멀리 떨어진 곳보다는 기존 거주지 인근의 농촌으로 이주하는 경향이 우세하다. 이는 직장 입지 변화, 주거비 절감 등이 목적이기 때문이다. 또한 장·노년층이 주택 목적으로 농촌 전입 비율이 높다는 것은 은퇴 연령층이 대도시에 계속 거주하는 데 높은 집값이 걸림돌이 된다는 것을 시사한다.

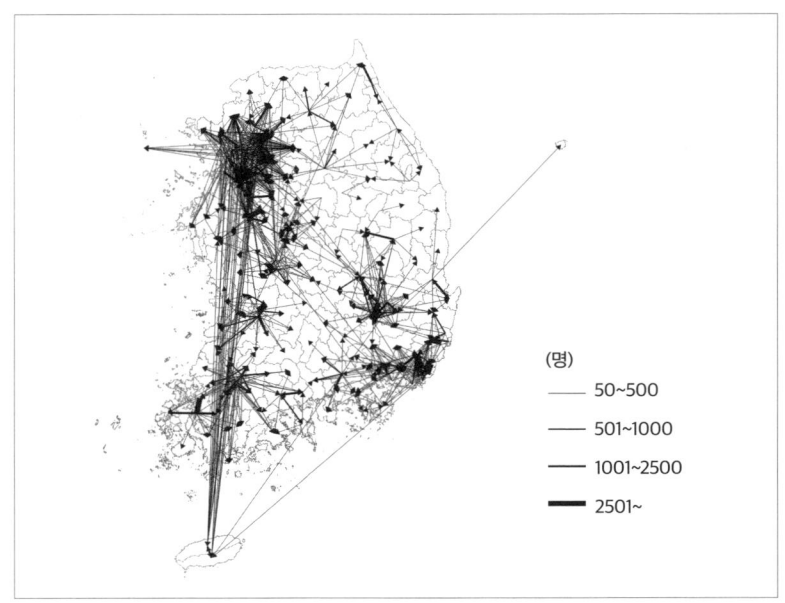

<지도 8> 2017년 도시에서 농촌으로 이동한 가구원수 패턴 분포

　일반적인 향촌 이동이 아닌 좁은 의미의 귀농·귀촌 이동의 경우, 농업 목적 이외에도 공동체나 생태적 가치 추구 등의 다양한 이유가 있어 귀농·귀촌의 영향으로 장래 농촌지역사회가 변화할 가능성도 높아지고 있다. 대졸 이상의 고학력층은 은퇴 후 여가나 생태·공동체 가치를 위해 농촌으로 이주하는 비율이 상대적으로 높다. 농업 분야에 종사하는 귀농인의 경우에도 이주 초기에는 농업에만 전념하기보다는 다양한 비농업 분야의 경제활동을 수행하는 비율이 높아, 귀농·귀촌의 증가가 지역경제에 미칠 영향이 확대될 수 있다. 특히 농촌 이주 시점이 1~2년 미만(2014년 기준)인 귀농·귀촌인의 경우 농업에만 종사하는 비율이 33퍼센트에 불과하고, 다양한 농외소득 활동에 종사한다.

구분	중졸 이하	고졸	전문대졸	대졸	대학원졸
도시생활 회의 때문에	20.6	21.4	26.0	28.7	23.7
농사일이 좋아서	31.7	17.4	13.0	19.4	17.2
자신과 가족 건강 목적	31.7	22.1	21.1	12.2	11.8
은퇴 후 여가생활을 위해	20.6	23.5	19.5	24.5	32.3
조용한 전원생활 추구	28.6	35.2	34.1	30.3	34.4
생태, 공동체 가치 추구	15.9	10.0	13.8	26.7	23.7
농촌 관련 새로운 경제활동 목적	19.0	22.1	22.8	20.7	20.4
기타	30.2	44.5	44.7	34.1	33.3

<표 9> 귀농·귀촌의 이유(단위 %)

구분	2008년 이전	2009~2012년	2013년 이후	전체
농업에만 전념	50.0	44.9	33.1	42.9
농업과 농외소득활동 겸업	34.3	34.7	40.1	36.1
농업 외 경제활동 전념	7.5	12.3	11.5	10.9
전원생활	6.7	7.4	14.0	9.0
기타	1.5	0.7	1.3	1.0
합계	100.0	100.0	100.0	100.0

<표 10> 2018년 귀농·귀촌인의 경제활동 현황(단위 %)

구분	긍정적 측면	부정적 측면
개인적	개인 삶의 질 향상 건강 회복 자급자족의 삶 가능 소득창출 기회(하동 청년사업가 들의 성공 사례 등)	의료·복지·문화·교통 서비스 이용의 어려움 외로움(2016년 기준, 1인 귀농인 64.3%) 생계유지 어려움(초기 농업 소득 부족) 청년들의 자금부족 및 주택문제
지역적	농촌지역 활성화 도시 과밀 문제, 주택 등 완화 마을 소득 증대 기여(가공 및 신제품 개발, 도시인맥 활용 등) 지역사회에 재능기부 새로운 공동체성 형성(귀농귀촌인 간, 귀농귀촌인-원주민 간)	지역 원주민과의 갈등 심화 한정된 농업자원을 놓고 기존 주민과 경합 일부 지역의 분산, 난개발 문제 발생 귀농·귀촌정책 등으로 인한 기존 농가의 상대적 박탈감

<표 11> 귀농·귀촌의 긍정적·부정적 측면

귀농·귀촌인은 여러 분야의 전문지식이나 경험을 바탕으로 농촌지역사회 활성화에 필요한 인적 자원이 될 수 있고, 실제로 최근의 농촌 활성화 사례 중 귀농·귀촌인이 리더 역할을 담당한 경우가 많다. 그러나 귀농·귀촌이 도시와 농촌 문제의 완화, 청년·장노년 세대의 행복 욕구 실현 등에 긍정적 영향을 미칠 수도 있지만, 아직은 기존 주민과 갈등하는 등 부정적 측면도 상존한다. 한국농촌경제연구원 조사 결과, 소득 감소나 열악한 생활기반 문제 외에 마을 주민과의 갈등 등의 이유로 농촌 정착에 실패하고 도시로 재이주하는 귀농·귀촌인의 비율이 약 3퍼센트로 추정되었다. 또한 2014, 2016, 2018년에 걸친 귀농·귀촌인

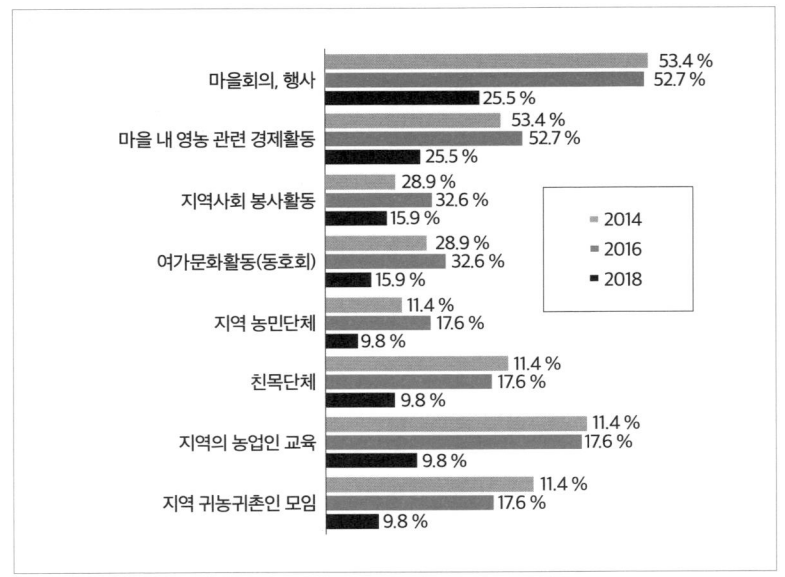

<그래프 12> 귀농·귀촌인의 각종 지역사회 활동 참여 비율 변화*

---

* 귀농·귀촌인 패널 1000명 중 연도마다 조사에 참여한 610명을 선별하여 활동별 참여 비율을 집계한 자료로, 한국농촌경제연구원의 연도별 귀농·귀촌인 정착 실태 장기추적조사 결과를 재집계한 것이다.

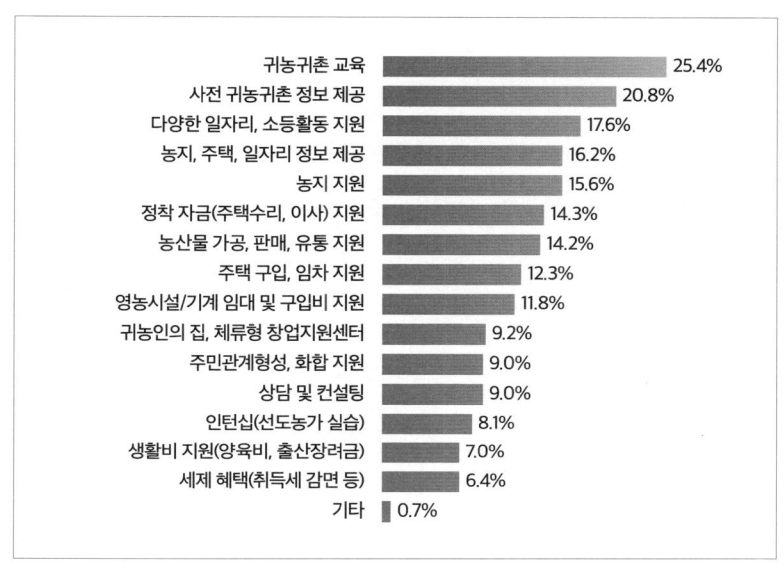

<그래프 13> 귀농·귀촌인의 농촌 정착에 필요한 지원 사항

    패널 추적조사 결과, 각종 지역사회 및 공동체 활동에 참여하는 귀농·귀촌인 비율이 2014년과 2016년 대비 2018년에는 줄어드는 경향이 나타났으며 마을 주민과의 왕래 횟수도 연도별로 감소했다.

    귀농·귀촌인의 농촌 정착을 돕고 시행착오를 줄이려면 영농 지원 이외에 다양한 유형의 정책 수단이 필요하지만, 지금까지 중앙정부와 지자체의 시책은 대체로 귀농 지원에만 집중되어 귀농·귀촌인의 정책 수요를 충족하는 데 한계가 있었다. 일부 지역에서 농촌 인구를 늘리기 위해 초기 정착 지원 및 숙소, 주택 등 물리적 인프라 구축을 지원하는 시책이 추진되었지만, 일자리 등 귀농·귀촌인의 완전한 지역사회 정착 프로그램이 시행된 경우는 드물었다. 2018년 귀농·귀촌인 조사 결과, 농업 외에 다양한 일자리·소득활동에 대한 지원이 필요하다는 응답이 3위로 나타났는데, 실제 이러한 지원을 받았다는 응답자 비율은 3.0퍼센트(16개 조사 항목 중 15위)에 불과한 것으로 파악되었다. 농촌 이주 초기에 도움이 되는 귀농·귀촌인 모임 외에도 지속적으로 이주민들이 지역사회에서 활동할 수 있는 조직과 공간 등의 마련이 요구되지만, 전국적으로 관련 사업을 추진하는 시도는 소수에 불과하다.

두 번째로 주목할 변화는 저밀도 경제의 발견과 사회적 경제의 성장과 함께 농촌에서 새로운 경제 활력을 모색하는 움직임이 일고 있다는 점이다. 과거 집적 경제, 규모의 경제 논리에서는 주목받지 못하던 농촌이 새로운 국가 경제의 성장 동력으로 주목되는 것이다. 특히 EU 및 북미 지역에서는 저밀도 상태인 농촌이 국가 경제 성장에 이바지하는 바가 크다는 연구 결과를 바탕으로 저밀도 경제를 육성하려는 다양한 정책이 시도되고 있다. 한국의 경우에도 농촌지역이 국가 경제에서 중요한 역할을 수행하고 있다는 다양한 수치가 발견되고 있다. 한 예로, 농촌의 총일자리 수는 도시에 비해 약 1/3 정도로 규모는 작지만 15세 이상 인구 대비 일자리 수 측면에서는 도시지역에 비해 약 0.36명 더 높다. 또한 최근 10여 년 동안 농촌의 사업체 규모도 지속적으로 증가하고 있으며, 농촌의 사업체당 평균 종사자수도 도시와 큰 차이가 없을 정도로 성장했다. 특히, 농촌의 상용종사자 비율은 68.0퍼센트로 도시의 63.5퍼센트에 비해 높아 고용 측면에서도 농촌이 더 안정적이라고 할 수 있다. 무엇보다, 대표적인 농촌지역인 군 지역은 인구 감소를 겪더라도 지역 내 총생산(GRDP)이 성장한 군이 82개 중 절반이 넘는 46개에 달하고 있다.

구분		도시	농촌	-읍부	-면부	전국
2000년	총일자리	0.39	0.61	0.53	0.67	0.44
	농업종사자	0.01	0.28	0.13	0.37	0.07
	사업체종사자	0.38	0.33	0.39	0.30	0.37
2005년	총일자리	0.41	0.64	0.53	0.72	0.45
	농업종사자	0.01	0.25	0.12	0.35	0.06
	사업체종사자	0.40	0.39	0.41	0.36	0.40
2010년	총일자리	0.45	0.66	0.54	0.75	0.48
	농업종사자	0.01	0.21	0.10	0.31	0.05
	사업체종사자	0.44	0.45	0.45	0.45	0.44
2015년	총일자리	0.49	0.70	0.59	0.79	0.53
	농업종사자	0.01	0.17	0.08	0.26	0.04
	사업체종사자	0.48	0.53	0.51	0.54	0.49

<표 12> 15세 이상 인구 1명당 일자리수 변화(단위 1000명)

구분	사업체수(1000개)				사업체수 사업체 평균 종사자 규모(명/개)			
	2000	2005	2010	2015	2000	2005	2010	2015
도시	2,442	2,617	2,731	3,107	4.53	4.72	5.26	5.39
농촌	572	587	624	768	4.44	4.74	5.24	5.40
-읍부	262	285	307	377	4.36	4.50	4.90	5.14
-면부	309	302	317	391	4.51	4.97	5.57	5.65

<표 13> 도시와 농촌의 사업체 규모 비교

구분	자영업자	무급가족	상용	임시 및 일용	기타	합계
도시	15.2	3.4	63.5	12.9	5.1	16,742명
농촌	14.2	4.4	68.0	10.6	2.7	4,147명
-읍부	15.7	4.5	65.6	11.3	2.9	1,936명
-면부	12.9	4.4	70.0	10.1	2.6	2,211명

<표 14> 도시와 농촌의 주민 직업 종사상 지위 비교(단위 %)

구분	2007	2008	2009	2010	2011	2012	2013	2014	계
자활기업	-	-	-	-	-	-	-	-	336
사회적 기업	6	30	12	40	22	31	66	82	289
협동조합	-	-	-	-	-	9	557	594	1160
마을기업	-	-	-	40	86	112	151	57	446
농촌공동체회사	-	-	-	-	-	-	-	-	867

<표 15> 농촌지역의 사회적 경제조직 설립 추이

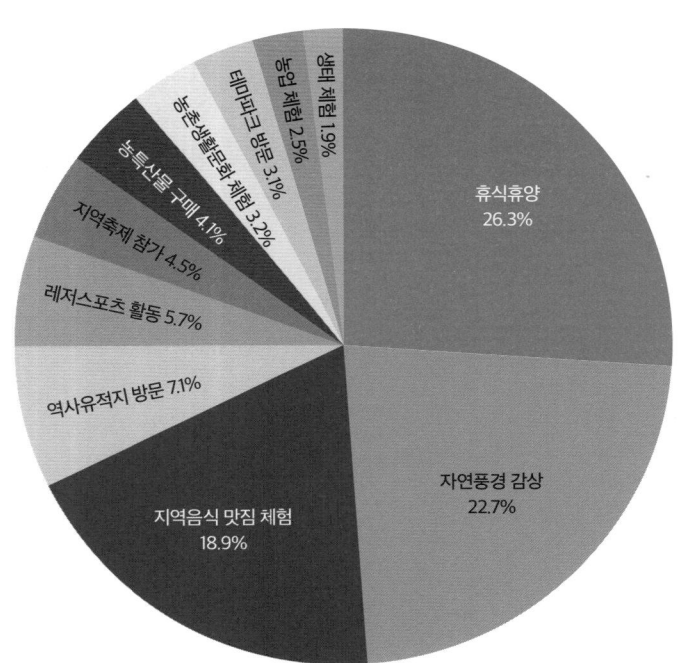

<그래프 14> 농촌을 관광할 때 하고 싶은 세부 활동

농촌에서는 사회적 경제 조직도 빠르게 증가하며 시장경제 부문에서 해결하지 못하는 다양한 부문을 담당하고 있다. 2018년 현재 농촌 지역에는 4500개가 넘는 사회적 경제 조직이 존재하는 것으로 추정되는데,[*] 이러한 사회적 경제 조직은 주민들의 끈끈한 유대 관계를 바탕으로 지역사회의 유무형 자원을 활용해 자신들이 필요로 하는 보람 일자리와 안정적인 소득을 창출하고 있다. 그러한 측면에서 농촌의 내생적인 새로운 활력이 증대하고 있다고 볼 수 있다.

마지막으로, 최근 도시의 혼잡을 벗어나 산과 들이 있는 농촌에서 다양한 식재료를 자급자족하는 내용의 방송 프로그램과 영화 등이 인기를 얻고 있다. 이러한 추세를 반영하듯이 바쁜 일상 속에서 도시를 탈출하여 힐링을 추구하고자 농촌관광 및 여가·휴양에 대한 수요가 늘고 있다. 이들이 농촌을 방문하는 이유는 휴식·휴양(23.6퍼센트), 자연명승·풍경 감상(22.7퍼센트), 지역 음식·맛집 체험(18.9퍼센트), 지역축제 참가(4.5퍼센트), 농특산물 구매(4.0퍼센트), 농촌생활문화 체험(3.2퍼센트) 등의 순으로 나타나, 농촌이 도시민을 위한 힐링 장소가 되고 있다고 할 수 있다(농촌진흥청 2017). 특히 농촌관광 실태조사에 의하면, 조사 응답자 중 재방문 의향을 밝힌 응답자 비중이 75.4퍼센트이고 농촌관광과 여행에 대한 만족도가 78.3점으로 나타나 앞으로도 농촌의 쉼터 역할이 중요할 것으로 보인다.

---

[*] 여기서 사회적 경제 조직은 마을기업, 사회적기업, 협동조합을 기준으로 집계하였다(성주인 외 2020).

농촌의 미래 전망

정성적 측면에서 본 농촌의 미래 전망

미래의 농촌을 전망하기 위하여 데이터 분석, 언론 키워드 및 선행 연구 분석을 통해 미래 농촌의 변화를 추동하는 이슈를 삶터, 일터, 쉼터, 공동체터 측면에서 살펴본 연구에서는 농촌과 관련해 12개의 핵심 이슈를 선정했다(심재헌 외 2017). 이들 이슈는 각각 차별적 영향을 미치며 상호작용한다.

먼저 삶터의 측면에서, 농촌에서는 원격지로 갈수록 인구 희박 지역이 증가하고, 도시 근접 지역에는 귀농·귀촌자가 더 증가하여 농촌이 양극화될 가능성이 있다. 이로 인해 도시 근접 지역은 주거지가 집중되고 아파트와 같은 공동주택형 주거가 늘어나는 한편, 원격지로 갈수록 이와 반대의 경향이 두드러질 것으로 전망할 수 있다. 일터의 측면에서는 농촌의 일손 부족으로 이주노동자가 증가하고, 도시 근접 지역에는 제조업 및 첨단사업의 입지가 증가할 것으로 전망된다. 또한 4차 산업혁명 등으로 스마트 농업이 증가하고 대농과 기업농이 증가할 것이다. 쉼터의 측면에서 보면, 농촌은 다지역 거주 및 도농 교류 활동이 증대되어 앞으로는 휴양과 문화 기능이 중요하게 대두될 것이다. 하지만 도시 근접 지역을 중심으로 농촌의 난개발과 경관 훼손이 발생할 것으로 전망되고, 원격지에서는 방치되는 농경지가 늘어 환경 정비 및 경관 보존에 대한 요구가 증대할 것으로 예상된다. 마지막으로 공동체터라는 측면에서, 미래의 농촌은 전통적인 공동체성이 더욱 약화될 것이며, 사회적 경제 및 공유 경제, 도농 파트너십 등의 필요와 수요, 활동이 증대될 것으로 전망된다.

한편 19세 이상 1070명의 국민들을 대상으로 현재와 미래 농촌의 이미지를 위의 농촌 이슈의 시각에서 조사·분석한 결과, 미래에 대한 긍정적·부정적 이미지가 상존하고 있음을 확인할 수 있었다(심재헌 외 2017). 부정적 이미지를 줄이고 긍정적 이미지를 부각하는 정책을 마련하는 것이 성공적인 농촌 유토피아로 가는 방향일 것이다.

삶터 측면에서, 국민들은 농촌이 친환경적인 삶을 영위하는 전원생활의 공간이자 미래에는 편리함이 더해진 노후의 생활공간이 되길 바라고 있었다. 다음으로 일터의 측면에서, 현재는 농업이 주이지만 미래에는 농업 혁신을 통해 농촌의 일터가 국가의 미래 성장동력이 되는 이미지를 꿈꾸고 있었다. 쉼터 측면에서는 현재와 미래 모두 농촌을 깨끗하고 아름다운 여가·휴양공간으로 여겼으며, 공동체터 측면에서는 현재는 인심 좋고 정겨운 이웃과 공동체가 있는 농촌의 이미지에서 미래에는 청년층이 유입되고 도시와 상생·협력하는 혁신의 공동체를 그렸다.

부정적인 측면에서 보는 농촌의 이미지는 불편한 정주생활 환경과

→ 화살표 방향으로 해당 키워드의 증가 동의도가 큼
← 화살표 방향으로 해당 키워드의 감소 동의도가 큼

	삶터	근교	일반	원격
인구	인구희박(소멸)지역		→	→
	귀농귀촌	←	←	
정주체계 및 정주기반	중심지 기능	←		
	주거지 집중	←		
	도시의존도	←		
	공동주택	←		
	단독주택		→	
	기반시설 및 편의시설	←	←	

	쉼터	근교	일반	원격
여가, 문화 및 관광	다지역 거주 및 상시교류	←	←	
	휴양지 및 관광지	→	←	
	문화 공간화	→	←	
경관 및 자연환경	난개발 및 경관 훼손	←	←	
	경관 보존		→	→
	환경정비	←	←	
	자연회귀토지		→	→

	일터	근교	일반	원격
일자리	외국인 노동자	→	←	
	일자리 유입	←		
산업	제조업 및 첨단산업	←		
	신재생에너지 생산		→	
	로컬푸드	←		
	경작면적	→	←	
	농업활동		→	
	스마트 농업	←		
	대농 및 기업농	→		
	소농 및 가족농		→	→
	친환경 농업	→	←	

	공동체의 터	근교	일반	원격
공동체	전통 공동체성		→	→
	사회적 경제 및 공유 경제	→	←	
	도농 파트너십	←		
사회 갈등	지역발전 수준	→	→	→
	사회적 갈등	→	←	
	공공서비스 부담		→	→

<그래프 15> 삶터, 일터, 쉼터, 공동체터의 농촌 특화 이슈와 지역 유형별 전개방향

난개발, 부족한 일손, 문화적 소외와 자연환경 훼손, 소득 불균형 등으로 인한 사회 갈등 등의 이미지로 나타나, 이러한 현상이 발생하지 않도록 하는 것이 중요한 과제로 나타났다.

정량적 측면에서 본 농촌의 미래 전망

미래에 발생할 문제를 예견할 수 있다면 이에 대한 대응책도 마련할 수 있다. 따라서 현재와 미래에 다가올 문제를 해결하는 농촌 유토피아를 구현하기 위해, 미래의 농촌 모습에 대한 최대한 객관적이고 과학적인 전망이 필요하다. 이를 위한 연구로 심재헌 외(2018)에서 시스템 다이내믹스 모델을 활용해 미래의 농촌 전망 모형을 구축하고, 이를 바탕으로 유토피아를 구현하기 위한 시사점을 도출했다. 미래 전망 모형은 시·군·구 단위의 인구, 가구·주택, 경제, 토지 부문의 세부 모형으로 구성되어 있으며, 2040년까지의 전망치를 시나리오별로 생산했다. 여기에서는 최근 3년간의 변화 추세를 2040년까지 연장할 때(BAU: Business as Usual Scenario) 농촌의 인구·사회·경제 등이 어떠한 모습일지 살펴보았다.

그 결과, 미래 농촌의 인구 및 인구 구성의 전망은 다음과 같았다. 2015년 농촌 인구는 약 936만 명이었는데, 현재의 이동량을 바탕으로 전망 모형을 통해 추계하면 2040년경에는 1025만 명이 되었다. 이는 2015년 전국 인구의 18.4퍼센트 수준에서 20.0퍼센트 수준까지 증가한

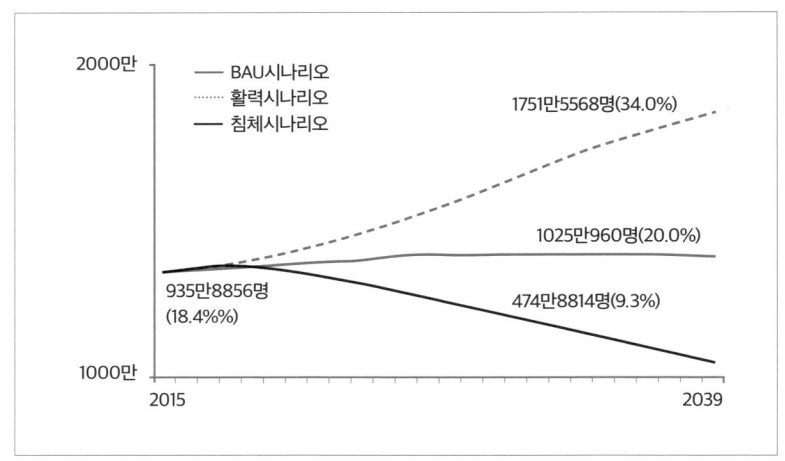

<그래프 16> 미래의 농촌—시나리오별 농촌 인구 추계

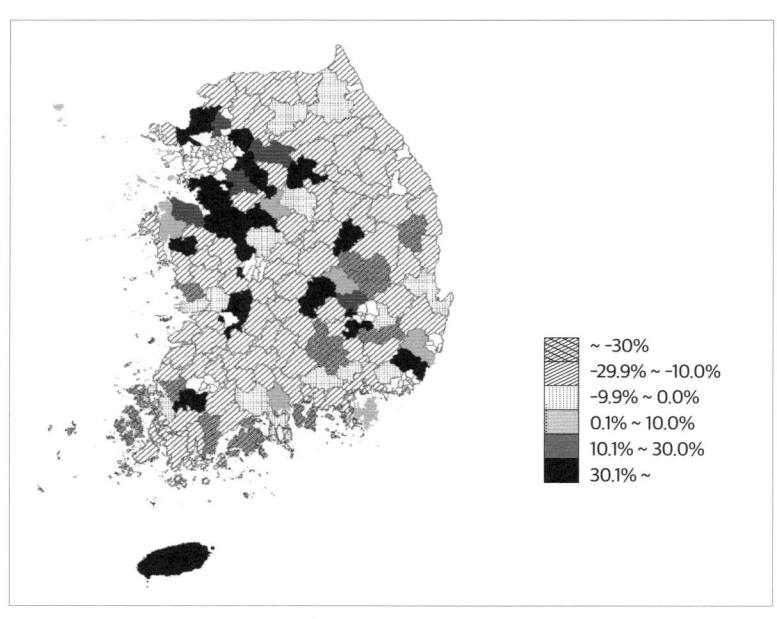

<지도 9> 미래의 농촌—BAU 시나리오에 따른 인구 증감률

것이다.

 그러나 현재와 같은 추세가 미래에 지속되더라도 국토의 불균형은 더욱 심화될 것으로 예상되기에, 균형 발전을 위한 새로운 대책 마련이 시급하다. 인구가 증가하는 지역은 대부분 대도시 인근의 농촌지역이고, 상당수의 농촌은 인구가 감소할 것으로 전망되기 때문이다. 2015년 대비 2040년 시점의 농촌 인구 증감 지역을 분석한 결과, 전체 139개 도농복합시와 군 지역 중 인구가 증가하는 지역은 36개에 불과하며, 나머지 103개 시·군에서는 인구가 감소할 것으로 전망되었다.

 또한, 농촌지역은 고령화가 빠르게 진행되어 2015년 20.9퍼센트인 65세 이상 인구 비중이 2040년에는 33.9퍼센트까지 증가할 것으로 예상된다. 인구 피라미드를 통해 농촌의 인구구조를 살펴보면, 아직은 중장년층이 많은 항아리형이지만 향후에는 역피라미드형으로 변모할 것으로 예상된다. 고령층에 대한 대응책 및 청년층 유입을 위한 획기적인 방안을 마련해야 할 것이다.

 미래 전망 모형을 통해 농촌의 가구 수를 추계한 결과, 전국적으로 인구는 감소하겠지만 가구 수는 2040년까지 지속적으로 증가할 것으로 전망된다. 이는 농촌(도농복합시·군)에서도 1인 가구가 증가할 것이기 때문이다. 2020년 농촌의 총 가구 중 1인 가구의 비중은 30퍼센트를 차지하고, 2040년경에는 37.7퍼센트까지 증가할 것으로 전망되었다. 고령화와 1인 가구의 증가를 함께 고려하면, 향후 농촌지역에서는 고령층의 복지·보건 등의 분야에 정책 수요가 크게 증가할 것으로 예상된다.

 미래 농촌의 경제활동을 전망하면, 고령화에 따라 이를 수행하는

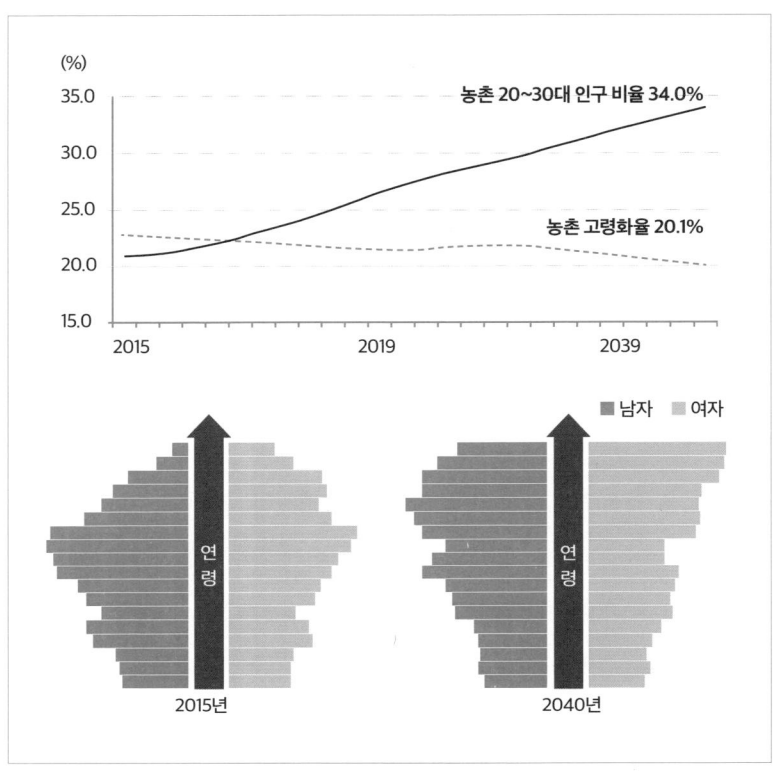

<그래프 17> 농촌의 청년층/고령층 인구비율 변화 추세

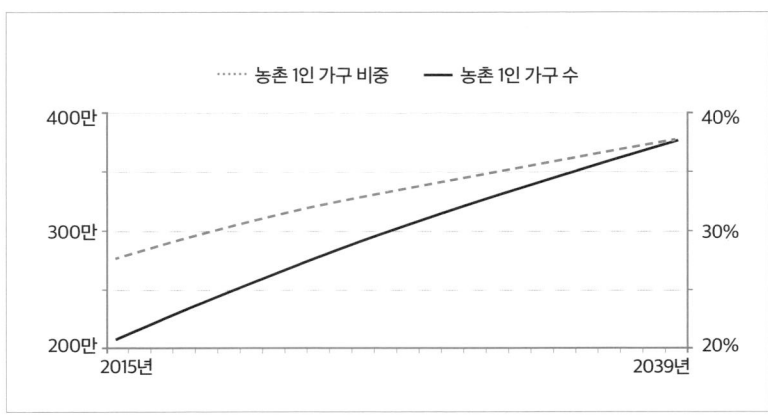

<그래프 18> 농촌의 1인 가구 변화 전망

농촌 인구가 급감하며 경제 및 공동체 활동도 감소할 것으로 예상된다. 농촌지역에서는 2020~2025년 사이 경제활동 인구가 크게 감소할 것으로 전망되는데, 감소 추이도 급격히 증가하여 2035~2040년의 5년 사이에 약 25만 명이 감소할 것으로 보인다.

그렇지만 앞서 언급한 것처럼, 농촌지역에서 다양한 경제활동이 일어나 새로운 농촌 경제(또는 저밀도 경제)가 성장하며 국가 발전에 기여하는 장소가 될 수도 있다. 미래 전망 모형을 통해 추계한 결과, 도농복합시·군 등 농촌 지자체의 실질 GRDP는 2015년 총 570.5조 원으로 GDP의 46퍼센트를 차지한다. 현재 추이라면 2040년경 농촌지역의 실질 GRDP는 1425.7조 원으로 GDP의 54.1퍼센트를 차지할 것으로 전망된다. 아울러 2040년 농촌지역의 취업자는 도시보다 빠르게 증가하여 일자리 측면에서 기여하는 바도 증대될 것으로 전망된다. 일자리 측면에서, 2015년 도농복합시·군 지역의 취업자는 총 1086만35명으로 전체 취업자의 41.5퍼센트를 차지하는데, 2040년경에는 44.0퍼센트까지 증가할 것으로 예상된다. 농촌지역의 일자리는 농업 부문이 감소하고 제조업과 서비스업이 증대될 것으로 전망된다.

농촌의 실태와 미래 전망을 통해 본 시사점

한국은 압축 성장을 통해 물질적 풍요를 이루었지만, 소득 불균형과 높은 자살률 등의 각종 지표를 통해 드러나듯이 삶에 대한 행복과 만족도는 높지 않다. 즉, 눈부신 경제 성장의 이면에는 어두운 모습이 공존하고 있다. 삶에 대한 만족도 저하는 전반적인 사회 활력을 낮추어 지속 가능한 발전을 저해하기에, 정부는 국민이 삶의 질을 향상할 수 있도록 다양한 지원책을 마련해야 한다.

삶에 대한 만족도와 행복을 증진하기 위한 초석은 여러 불균형을 바로잡는 데에서 시작된다. 지난 수십 년간 수도권에 사람과 산업, 일자리가 몰려 수도권과 비수도권, 도시와 농촌 사이의 불균형이 심화되었다. 또한 지역간, 세대간, 성별간 불균형도 상대적 박탈감과 삶에 대한 만족도 저하를 불러일으켰다. 이와 함께 국토를 비효율적으로 이용하며 장기적으로 국가의 지속 가능한 발전을 저해하는 요소가 되었다. 따라서 이러한 불균형을 해소하는 것이 정부 정책의 핵심 목표가 되어야 한다.

위에서 열거한 다양하고 복잡한 불균형을 해소하려면, 기존과는 다른 새로운 정책적 도전이 필요하다. 이를 위하여 기존에도 여러 차례 다양한 정책과 사업이 추진되었지만, 여전히 불균형이 심화되고 있는 현실이다. 특히, 한국의 인구가 감소 추세로 돌아서면 이러한 불균형은 더욱 심화될 전망이다. 따라서 지금이야말로 새로운 방식의 균형발전을 위한 정책 시도가 필요한 시점이다. 이러한 상황에서 균형발전과 지속 가능한 발전을 위한 다양한 가능성이 농촌지역에서 나타나고 있다. 농촌은 산업화의 과정에서 필요 없는 공간처럼 여겨졌지만, 실제로는 국가 발전에 이바지하는 바가 크다. 그러므로 농촌을 잘 가꾸고 활용한다면 앞으로 새로운 성장동력 창출의 무대가 될 가능성이 높다.

미래 전망 모형을 통해 장래 모습을 예측해보면, 앞으로 농촌지역에서 다양한 활동을 하고자 원하는 도시민이 많이 증가할 것으로 예상된다. 하지만 이들이 자신의 능력을 충분히 발휘할 수 있도록 보조하는 지원 체계가 아직 미흡한 실정이다. 특히, 앞으로 크게 증가할 것으로 예상되는 고령층에게 활력을 불어넣고, 향후 부족해질 청년층을 농촌에 정착시키기 위한 다양한 정책이 마련되어야 한다. 4차 산업혁명 시대의 사회는 경제 발전만이 아니라, 자아실현이 삶의 목적 가운데 하나가 될 것이다. 따라서 앞으로 국토의 다양한 부문에서 균형발전을 이루려면, 비수도권과 농촌으로 돌아온 사람들이 자신의 삶에서 행복을 느끼게 하는 도전적 정책이 필요하다. 즉, 농촌이 사람들의 꿈과 이상을 실현하는 유토피아로 변모한다면 한국의 균형발전에 농촌지역이 크게 이바지할 수 있을 것이다.

3장

국민의 행복과
삶의 질 만족도,
희망사항

국민의 행복과 삶의 질 만족도

국민의 행복도

2017년 12월, 전국의 만19세 이상 국민 총 5434명을 대상으로 행복도를 조사한 결과* 절반가량은 현재 행복하다고 응답했지만 그렇지 못하다는 비율도 15.9퍼센트에 달했다. 이를 도시와 농촌지역으로 구분해보면, 도시에 비해 농촌에 사는 사람들이 행복하다고 느끼는 비율이 5퍼센트 포인트 정도 더 높았다. 특히 농림어업, 사무·관리직에서 일하는 고학력·고소득자가 행복감을 느끼는 비율이 높고, 저소득이나 무직·퇴직자의 경우 행복하지 않다는 비율이 높았다. 또한 귀농·귀촌한 사람이 그렇지 않은 사람보다 행복하다는 비율이 높고, 도시에서만 계속 거주한 사람은 행복하지 않다고 느끼는 경우가 농촌에서 도시로 이주한 사람보다 많았다. 이를 요약하면 확률적으로는 10년 이내이면서, 농림어업 또는 사무·관리직(주부와 학생 제외)에 종사하며, 넓은 집에 거주하는 고소득·고학력의 20대 부부 및 50대 이상 부부가 가장

---

* 이 내용은 송미령 외(2017b) 〈새농촌정책 자료집4: 농촌주민과 도시민의 삶의 질 만족도와 정책 수요 조사 결과, 한국농촌경제연구원〉의 자료를 바탕으로 기술했다.

행복한 것으로 나타난다. 반면, 도시에서 태어나 살아온 30~40대에 학력이 낮고 저소득인 자영업 분야 및 무직·퇴직인 1인가구나 조손가구가 스스로 가장 불행하다고 생각하는 경향이 있다.

(7점 만점)

		사례수	행복하지 않다	보통	행복하다	계	평균
	전체	5434	15.9	34.5	49.6	100.0	4.7
지역구분	도시(동) 지역	2603	18.2	34.8	47.0	100.0	4.5
	농촌(읍면)지역	2831	13.8	34.2	52.0	100.0	4.8
연령별	19~29세	561	15.0	32.8	52.2	100.0	4.7
	30대	957	17.1	34.5	48.4	100.0	4.5
	40대	954	17.1	35.1	47.8	100.0	4.5
	50대	1229	16.4	33.4	50.2	100.0	4.6
	60대	1733	14.5	35.5	50.0	100.0	4.8
거주기간	10년 이하	1988	15.9	33.5	50.6	100.0	4.6
	11~20년	1088	18.7	32.1	49.3	100.0	4.5
	21~30년	817	14.0	35.4	50.7	100.0	4.7
	31~40년	436	12.8	38.5	48.6	100.0	4.8
	41년 이상	1105	15.8	36.4	47.8	100.0	4.7
학력별	무학	214	22.4	42.5	35.0	100.0	4.3
	초중 졸업	955	14.0	37.3	48.7	100.0	4.8
	고 졸업	1225	16.0	35.2	48.8	100.0	4.6
	대 졸업	2679	16.6	33.4	49.9	100.0	4.6
	대학원 이상	337	11.3	26.7	62.0	100.0	5.0
세부직업	농·임·어업	889	13.3	34.6	52.1	100.0	4.9
	자영업	540	20.7	35.2	44.1	100.0	4.4
	사무·관리직	1765	14.3	32.9	52.8	100.0	4.7
	생산·기능·노무직	465	19.1	37.6	43.2	100.0	4.5
	주부	881	12.3	34.5	53.1	100.0	4.8
	학생	151	15.9	27.8	56.3	100.0	4.8

세부직업	퇴직/무직	680	21.8	36.9	41.3	100.0	4.4
	기타	131	16.0	35.1	48.9	100.0	4.6
소득별	1500만 원 미만	1385	19.2	36.8	44.0	100.0	4.6
	1500~3499만 원	1194	18.6	36.9	44.6	100.0	4.5
	3500~4999만 원	1133	15.7	34.9	49.4	100.0	4.6
	5000~7999만 원	1096	13.7	31.9	54.4	100.0	4.8
	8000만 원	467	6.4	26.1	67.5	100.0	5.2
가족구성	독신가구	694	24.6	39.3	36.0	100.0	4.3
	1세대가구(부부)	1539	12.3	33.3	54.4	100.0	4.9
	2세대가구 (부부+자녀)	2672	14.8	34.3	50.9	100.0	4.6
	3세대가구 (조부모+부부+자녀)	373	18.5	30.8	50.7	100.0	4.7
	조손가구 (조부모+손자녀)	18	55.6	27.8	16.7	100.0	3.3
	기타	135	21.5	37.8	40.7	100.0	4.3
가족명수	1명	787	24.0	38.2	37.7	100.0	4.3
	2명	1742	13.7	34.3	52.1	100.0	4.8
	3명	1149	16.4	34.7	48.9	100.0	4.6
	4명	1250	14.2	33.8	51.9	100.0	4.7
	5명 이상	505	14.1	30.5	55.4	100.0	4.8
방갯수	1개	260	25.4	35.8	38.8	100.0	4.3
	2개	1171	19.4	36.5	44.2	100.0	4.5
	3개	3239	14.3	34.4	51.3	100.0	4.7
	4개	629	13.4	32.1	54.5	100.0	4.8
	5개	97	20.6	27.8	51.5	100.0	4.7
	6개 이상	19	10.5	21.1	68.4	100.0	5.2
귀농/귀촌 여부	그렇다	468	12.0	28.2	59.8	100.0	5.0
	아니다	2363	14.1	35.4	50.5	100.0	4.8
농촌에서 이주 여부	그렇다	606	16.2	37.8	46.0	100.0	4.5
	아니다	1997	18.8	33.9	47.3	100.0	4.5

<표 16> 국민 행복도 조사 결과

국민의 정주 만족도

국민은 전반적으로 거주 지역에 대한 만족도를 보통 이상이라고 응답했다. 그중 도시민은 보건·복지, 교육, 정주 생활기반, 경제활동·일자리, 문화·여가, 환경·경관 등에서 농촌 주민보다 거주 지역에 대한 만족도가 높은 것으로 조사되었다. 농촌에서는 물리적인 기반시설이 부족하기 때문에 만족도가 낮은 것으로 판단된다. 하지만 소득·소비, 안전, 지역사회·공동체·시민참여 부문에서는 도시민보다 농촌 주민의 만족도가 높았다. 그렇지만 일반적으로 농촌이 우수하리라 생각되는 환경·경관 부문의 농촌 주민 만족도가 도시민보다 낮다는 점에서, 농촌다움을 회복하는 일이 시급하다고 판단된다.

(7점 만점)

분야	설문 문항	도시민	농촌주민	전체
소득·소비·자산 (가구)	나는 현재 우리 가구의 소득수준에 만족한다	3.81	3.97	3.9
	나는 현재 우리 가구의 전반적인 소비생활(의식주, 취미생활 등에 대한 소비)에 만족한다	4.17	4.27	4.2
보건·복지 (지역)	우리 동네는 필요할 때 병의원이나 약국을 어렵지 않게 이용할 수 있다	5.13	4.19	4.6
	우리 동네는 노약자, 장애인 등에 대한 지원이 잘 되어 취약계층이 살기 좋은 곳이다	4.25	4.12	4.2
	우리 동네는 응급상황 발생 시 신속하게 응급의료 서비스를 이용할 수 있다	4.74	4.27	4.5
교육 (지역)	우리 동네는 학생들이 좋은 수준의 학교교육(공교육)을 받을 수 있다	4.62	3.84	4.2
	우리 동네는 학생들이 좋은 수준의 방과후교육, 각종 보습학원, 예체능학원 등 학교정규과정 외에 교육을 받을 수 있다	4.54	3.54	4.0

구분	항목			
교육 (지역)	우리 동네는 어른들도 원하는 것을 배울 수 있는 평생교육을 쉽게 받을 수 있다	4.36	3.58	4.0
정주생활 기반 (지역)	우리 동네는 도시가스·상·하수도, 도로 등 기초생활 인프라가 양호하다	5.05	3.91	4.5
	우리 동네는 버스, 택시 등 대중교통 이용이 편리하다	4.96	4.13	4.5
안전 (지역)	우리 동네는 야간에 혼자 보행시 안전하다	4.71	4.48	4.6
	우리 동네는 홍수, 산사태, 지진 등 자연재해 위험으로부터 안전하다	4.92	4.99	5.0
	우리 동네는 소방서 등 화재 발생에 따른 대응 시설이 가까운 거리 내에 잘 구비되어 있다	4.95	4.55	4.7
경제활동 ·일자리 (개인, 지역)	지역에서 적절한 일자리 및 일거리를 구할 수 있다	3.97	3.36	3.6
	농업과 농촌 자원을 활용한 농산물 가공·판매, 농촌관광 등 다양한 소득 기회가 많다	3.89	3.46	3.7
문화·여가 (지역)	지역에서 도서관·미술관·문예회관 등 문화·여가시설을 이용할 수 있다	4.44	3.32	3.9
	지역에서 문화·체육강좌, 공연·영화 등 다양한 문화·여가프로그램이 마련되어 있다	4.33	3.10	3.7
환경·경관 (지역)	우리 동네는 환경이 깨끗하게 관리되고, 경관이 아름답게 잘 정비되어 있다	4.67	4.49	4.7
	우리 동네는 쓰레기·분뇨·폐수·매연·악취 등의 대기 및 환경오염이 적다	4.72	4.91	4.8
	거주하고 있는 지역의 수질에 대하여 만족한다	4.82	5.12	5.0
지역사회 ·공동체 ·시민참여 (개인, 지역)	나는 어려움에 처했을 때 도움을 요청할 수 있는 친척, 친구 또는 이웃이 있다	4.67	4.74	4.7
	우리 지역의 행정기관은 투명하고 신뢰성이 높다	4.31	4.49	4.4
	우리 지역에서는 주민들 사이에 교류나 친목 활동이 활발하다	4.19	4.53	4.4
	우리 지역에서는 주민들이 마을문제 해결과 마을 발전을 위해 함께 노력한다	4.18	4.52	4.4

<표 17> 도시민과 농촌주민의 거주 지역 생활에 대한 만족도 비교

연령별	19~29세	21.1	학력별	무학	22.2
	30대	33.6		초등학교~중학교 졸업	20.6
	40대	41.7		고등학교 졸업	30.5
	50대	48.5		대학교 졸업	40.4
	60대 이상	31.0		대학원 이상	43.8
성별	남자	44.4	소득별	1500만 원 미만	20.3
	여자	29.5		1500~3499만 원	32.4
거주기간	10년 이하	36.7		3500~4999만 원	40.6
	11~20년	40.3		5000~7999만 원	45.3
	21~30년	39.7		8000만 원 이상	39.1
	31~40년	34.5			
	41년 이상	31.7			

<표 18> 향후 10년 이내 귀농·귀촌 의향자들의 특성(단위 %)

송미령 외(2017b)의 조사 결과에 의하면, 도시민 중 약 37.7퍼센트가 향후 10년 이내 귀농 또는 귀촌할 의향이 있다고 한다. 연령대별로 보면 귀농·귀촌 의향은 40~50대에서 가장 높고, 이들 대부분이 고학력자 중산층인 경우가 많아 미래에 농촌에 역량을 제공할 수 있도록 이들을 활용하는 방안이 마련되어야 함을 알 수 있다. 귀농·귀촌 희망자는 현재 사는 도시지역에 대한 불만보다는 농촌의 삶에 대한 기대감과 동경 등으로 이주를 결정하는 경향이 강한 편이다. 귀농·귀촌을 희망하는 사람과 도시에 잔류하고자 하는 사람의 거주 만족도를 비교해 보면, 여러 부문에서 통계적으로 유의미한 차이가 없는 것으로 나타나기 때문이다.

(7점 만점)

분야	설문 문항	도시민	농촌주민	차이
소득·소비·자산(가구)	나는 현재 우리 가구의 소득수준에 만족한다	3.78	3.83	-0.05
	나는 현재 우리 가구의 전반적인 소비생활(의식주, 취미생활 등에 대한 소비)에 만족한다	4.13	4.19	-0.06
보건·복지 (지역)	우리 동네는 필요할 때 병의원이나 약국을 어렵지 않게 이용할 수 있다	5.08	5.17	-0.09
	우리 동네는 노약자, 장애인 등에 대한 지원이 잘 되어 취약계층이 살기 좋은 곳이다	4.31	4.21	0.11
	우리 동네는 응급상황 발생 시 신속하게 응급의료 서비스를 이용할 수 있다	4.78	4.72	0.06
교육 (지역)	우리 동네는 학생들이 좋은 수준의 학교교육(공교육)을 받을 수 있다	4.65	4.60	0.05
	우리 동네는 학생들이 좋은 수준의 방과후교육, 각종 보습학원, 예체능학원 등 학교정규과정 외에 교육을 받을 수 있다	4.61	4.50	0.11
	우리 동네는 어른들도 원하는 것을 배울 수 있는 평생교육을 쉽게 받을 수 있다	4.43	4.31	0.11
정주생활 기반(지역)	우리 동네는 도시가스·상·하수도, 도로 등 기초생활 인프라가 양호하다	5.12	5.00	0.11
	우리 동네는 버스, 택시 등 대중교통 이용이 편리하다	4.96	4.96	0.00
안전 (지역)	우리 동네는 야간에 혼자 보행시 안전하다	4.73	4.70	0.03
	우리 동네는 홍수, 산사태, 지진 등 자연재해 위험으로부터 안전하다	4.87	4.95	-0.08
	우리 동네는 소방서 등 화재 발생에 따른 대응 시설이 가까운 거리 내에 잘 구비되어 있다	4.94	4.95	-0.01
경제활동·일자리 (개인, 지역)	지역에서 적절한 일자리 및 일거리를 구할 수 있다	4.08	3.90	0.18
	농업과 농촌 자원을 활용한 농산물 가공·판매, 농촌관광 등 다양한 소득 기회가 많다	3.97	3.85	0.13
문화·여가 (지역)	지역에서 도서관·미술관·문예회관 등 문화·여가시설을 이용할 수 있다	4.55	4.38	0.17
	지역에서 문화·체육강좌, 공연·영화 등 다양한 문화·여가프로그램이 마련되어 있다	4.46	4.26	0.20

환경·경관 (지역)	우리 동네는 환경이 깨끗하게 관리되고, 경관이 아름답게 잘 정비되어 있다	4.64	4.69	-0.05
	우리 동네는 쓰레기·분뇨·폐수·매연·악취 등의 대기 및 환경오염이 적다	4.67	4.75	-0.09
	거주하고 있는 지역의 수질에 대하여 만족한다	4.73	4.88	-0.15
지역사회· 공동체· 시민참여 (개인, 지역)	나는 어려움에 처했을 때 도움을 요청할 수 있는 친척, 친구 또는 이웃이 있다	4.62	4.70	-0.08
	우리 지역의 행정기관은 투명하고 신뢰성이 높다	4.34	4.30	0.04
	우리 지역에서는 주민들 사이에 교류나 친목 활동이 활발하다	4.22	4.17	0.05
	우리 지역에서는 주민들이 마을문제 해결과 마을 발전을 위해 함께 노력한다	4.26	4.13	0.13

<표 19> 귀농·귀촌 의향자와 도시 잔류자의 도시지역 생활에 대한 만족도 비교

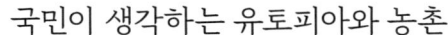

국민이 생각하는 유토피아와 농촌

국민이 생각하는 유토피아를 알아보기 위하여, 각종 온라인 매체에서 유토피아와 그 반대인 디스토피아에 대해 이야기하는 글을 살펴보았다. 유토피아의 다른 모습인 디스토피아는 시대상을 꿰뚫어 볼 수 있는 첩경으로, 유토피아를 이해하는 데 유용한 정보를 제공한다(김용민·윤태원·송지연 2001). 따라서 유토피아와 디스토피아에 관련된 글에서 언급되는 주요 단어를 살펴보면 이 시대의 문제와 사회 현상을 이해하는 데 도움이 되리라 생각한다.

SNS, 블로그, 각종 커뮤니티의 글과 인스타그램, 뉴스 등에서 언급되는 유토피아와 디스토피아의 연관어를 다음소프트(http://biz.some.co.kr/)에서 제공하는 소셜 메트릭스(social metrics)를 통해 탐색했다. 그 결과, 2010년 이후(2010년 1월 1일~ 2019년 3월 20일) 각종 온라인 매체에서 유토피아와 디스토피아에 관련된 글의 빈도수가 꾸준히 상승하고 있는 것으로 나타났다. 2010년 초 3000건 이하이던 유토피아와 디스토피아 관련 글이 시간이 지날수록 모두 증가했는데, 특히 디스토피아에 관련된 글의 빈도가 2015년 이후 상당히 높아졌다.

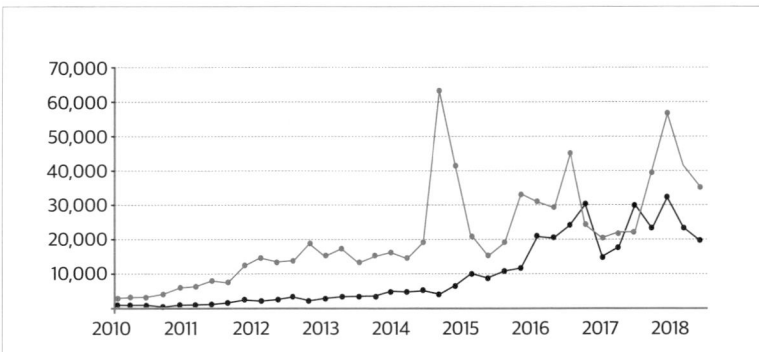

주 1: 검색어는 '유토피아'와 '디스토피아'이며 분석기간은 2010년 1월 1일부터 2019년 3월 20일임.
주 2: '유토피아'와 '디스토피아'에 분석에서 잡음을 제거하기 위해 특정 단체, 가수 등을 제외 단어로 선정하였고, 키워드의 카테고리는 '단체, 장소, 시사/경제, 라이프, 자연/환경, 속성'으로 한정하고 '인물, 상품, 브랜드, 문화/여가'는 제외시킴.
주 3: 그래프는 분기별 빈도수임.
주 4: SNS, 블로그 등의 내용을 살펴본 결과 2014년 하반기 및 2015년 상반기에 '유토피아' 논의가 급증했던 것은 총선의 영향으로 파악됨.
자료: 소셜메트릭스(http://biz.some.co.kr/insightVs-analysis)

<그래프 19> 각종 온라인 매체에서 언급된 '유토피아'와 '디스토피아'의 빈도 수 변화

유토피아와 디스토피아의 연관어를 살펴본 결과, 유토피아에 관련된 연관어는 사회, 꿈, 후유증,[*] 아파트, 한국, 선물, 삶, 바람 등 소망과 연관성이 높았다. 반면 디스토피아의 연관어는 한국, 기업, 배경, 사회, 자살률, 환경, 오염 등 유토피아에 비해 매우 구체적인 단어로 나타나는 특징이 있었는데, 모두 국민이 생각하는 한국 사회의 문제점들이라고 할 수 있다.

---

[*] 해당 키워드가 언급된 글을 살펴본 결과, 특정 가수의 콘서트와 관련된 글이 다수를 차지했다.

유토피아						디스토피아				
순위	연관어	빈도	순위	연관어	빈도	순위	연관어	빈도	순위	연관어	빈도
1	사회	30,661	11	미국	9,206	1	한국	56,121	11	전쟁	9,584
2	꿈	27,022	12	바람	9,138	2	기업	14,868	12	풍경	9,583
3	후유증	21,169	13	서울	9,021	3	배경	13,677	13	양극화	8,930
4	아파트	16,224	14	이야기	8,133	4	사회	13,665	14	유착	8,702
5	한국	15,440	15	자본주의	8,007	5	자살률	12,997	15	정경유착	8,698
6	선물	14,130	16	정치	7,902	6	환경	11,612	16	기술	8,508
7	마켓	13,494	17	역사	7,433	7	이야기	10,567	17	집	7,535
8	간	12,415	18	공산주의	7,268	8	오염	10,000	18	파리	7,042
9	삶	10,634	19	자유	7,232	9	환경오염	9,818	19	싸구려	6,966
10	이벤트	9,824	…			10	이미지	9,785	…		

<표 20> '유토피아'와 '디스토피아'의 연관어

　　농촌에 대한 국민 인식의 변화를 살피고자 다음소프트에서 제공하는 소셜 메트릭스를 통해 2010년, 2015년, 2018년의 농촌에 대한 연관어도 검색해 분석했다. 그 결과, 긍정적인 단어의 연관 빈도가 45퍼센트 이상으로 나타났지만 시간이 흐를수록 부정적인 단어의 표출이 점차 많아졌다. 2010년에는 '어려운, 피해, 부족한' 등의 동정적 성향의 부정적 연관어가, 2018년에는 '취약하다, 짜증, 늙다, 힘들다, 고통, 못되다' 등 공격적 성향의 부정적 연관어가 다수 표출되었다. 반대로 긍정적인 단어로는 2010년에는 '희망'이 압도적이었는데, 2018년에는 '소중하다'가 긍정적 연관어로 나타났다.

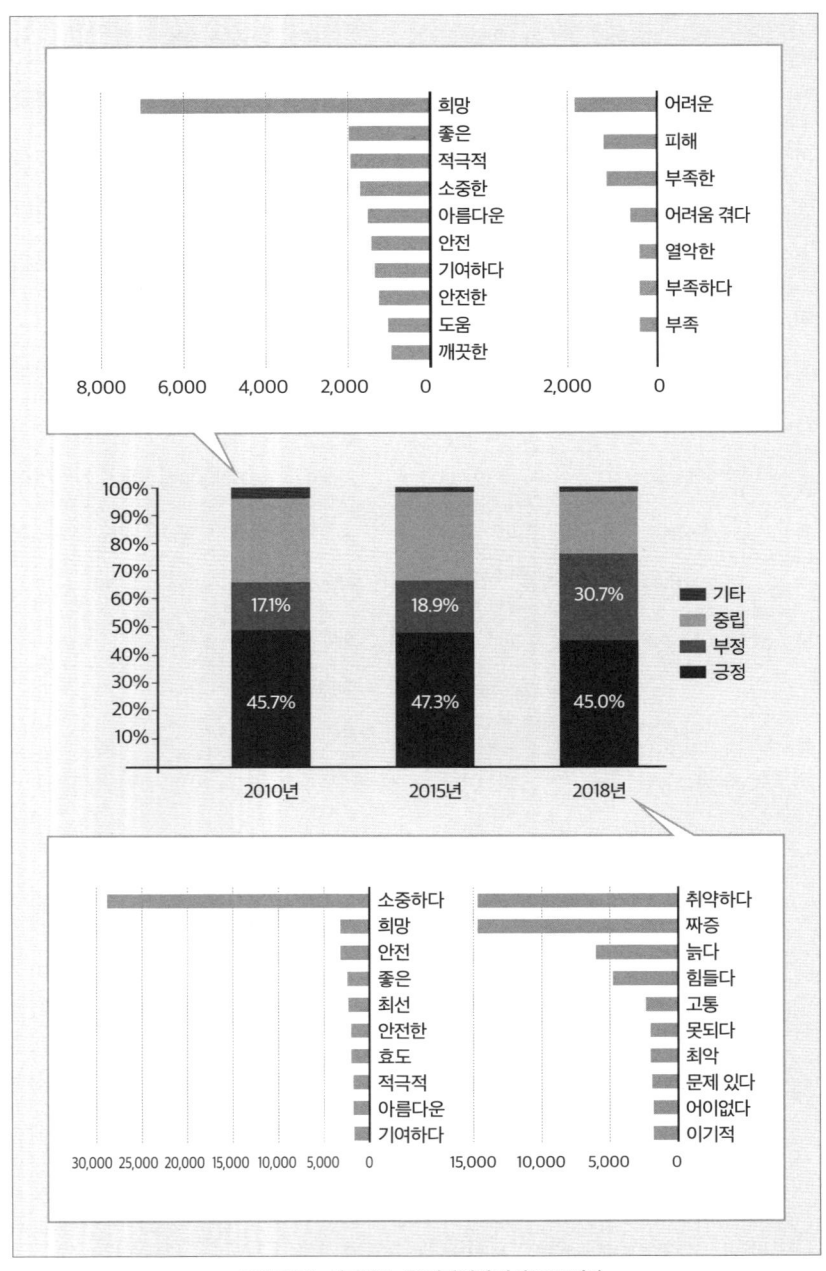

<그래프 20> 시기별 '농촌' 연관어의 감성 분류 결과

버킷리스트 실현 장소로서 농촌이 지닌 잠재력

 소셜 메트릭스 분석을 통해 살펴본 결과, 사람들은 유토피아를 자신의 꿈과 삶의 소망을 이루는 장소로 인식하는 경향이 컸다. 사람들은 자신의 꿈을 이루기 위한 장소로 농촌이 어떠한지 파악함으로써, 농촌이 유토피아가 될 잠재력이 있는지 가늠할 수 있을 것이다. 이를 위해 도시민 2291명, 농촌 주민 1041명을 대상으로 설문조사를 수행했다.

 먼저 유토피아로서 농촌이 지닌 잠재력을 파악하기 위한 설문 문항을 구성한 뒤, 전문 조사기관*을 통해 2019년 5~6월 동안 지역적 특성을 고려해 도시민은 온라인으로, 농촌 주민은 면접 조사 방식으로 설문조사를 했다. 그 결과, 도시민과 농촌 주민 모두 가장 하고 싶은 버킷리스트는 여행으로 나타났다. 농촌 주민의 경우에는 자연에서 자급자족하기, 농촌에 거주하며 농사 및 여가활동이라는 꿈이 도시민보다 높았고, 도시민은 공부·자기계발, 내 집 마련 등이 농촌 주민보다 높게 나타났다. 이러한 점으로 미루어, 도시민의 소망은 경쟁사회에서 안정을 취하고 싶어 하고 농촌 주민은 안빈낙도의 성향이 강하다고 판단된다.

---

* 리서치앤리서치에서 설문조사를 수행했다.

그 가운데 도시민이 농촌에서 실현하고 싶은 버킷리스트는 〈그래프 21〉과 같은데 1) 여행하기(29.3퍼센트), 2) 자연 속에서 자급자족하며 건강하게 살아가기(26.3퍼센트), 3) 취미 및 예술 활동(10.8퍼센트), 4) 농촌에 거주하며 농사(10.0퍼센트) 순으로 나타났다.

한편, 설문에 응답한 도시민 중 약 37.1퍼센트는 5년 이내에 버킷리스트를 실제로 추진할 계획이었다. 5년 이내에 버킷리스트를 추진하려는 850명의 도시민 중 정보 습득, 저축 및 투자, 기술교육 등의 학습, 적당한 장소 물색 등 구체적으로 준비를 하는 이는 711명(83.6퍼센트)에 달했고, 이 가운데 44.9퍼센트는 농촌에서 버킷리스트를 실현하고 싶어 했다.

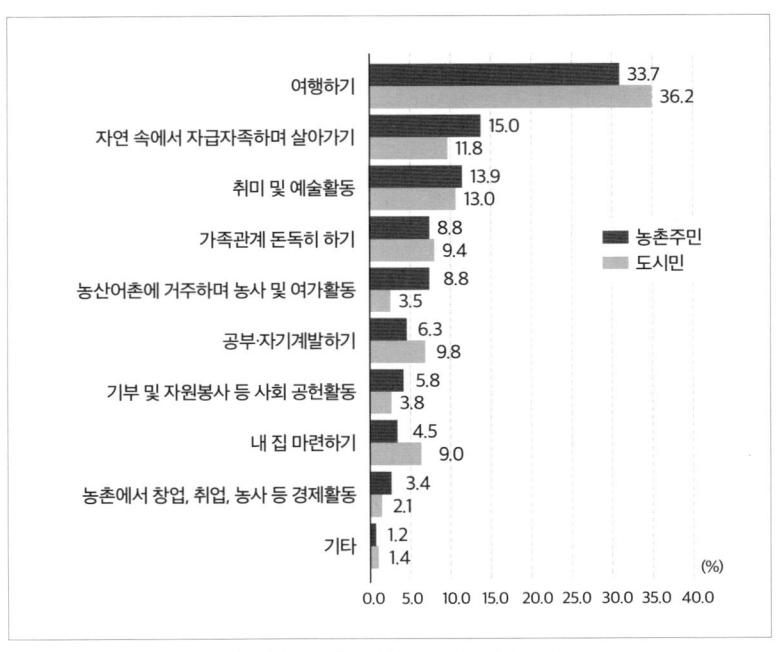

〈그래프 21〉 농촌주민과 도시민의 버킷리스트 비교

세부 항목	타 도시에서 꿈을 실현 (1309명)		농촌에서 꿈을 실현 (289명)		전체 응답자 (2291명)	
	빈도	%	빈도	%	빈도	%
(1) 농촌에 거주하며 농사, 지역사회 참여, 여가 활동	44	1.8	52	10.0	1483	3.5
(2) 자연 속에서 자급자족하며 건강하게 살아가기	199	8.0	136	26.3	533	11.0
(3) 취미 및 예술활동 (악기 배우기, 미술 등)	329	13.3	56	10.8	481	13.0
(4) 농촌에서 창업, 취업, 농사 등 경제활동	37	1.5	27	5.2	403	2.1
(5) 여행하기(국내외 여행, 맛 집 여행 등)	877	35.4	152	29.3	383	36.2
(6) 기부 및 자원 봉사 등 사회 공헌 활동	262	10.6	17	3.3	367	3.0
(7) 공부(외국어 포함)/자기계발하기	256	10.3	32	6.2	154	9.8
(8) 가족 관계 돈독히 하기 (효도, 부부관계, 부자관계 등)	209	8.4	27	5.2	144	9.4
(9) 내 집 마련하기	262	10.6	19	3.7	85	9.0
전체	2475	100.0	518	100.0	4033	100.0

<표 21> 도시민이 꿈꾸는 삶의 방식을 실현하기 위한 장소에 따른 버킷리스트

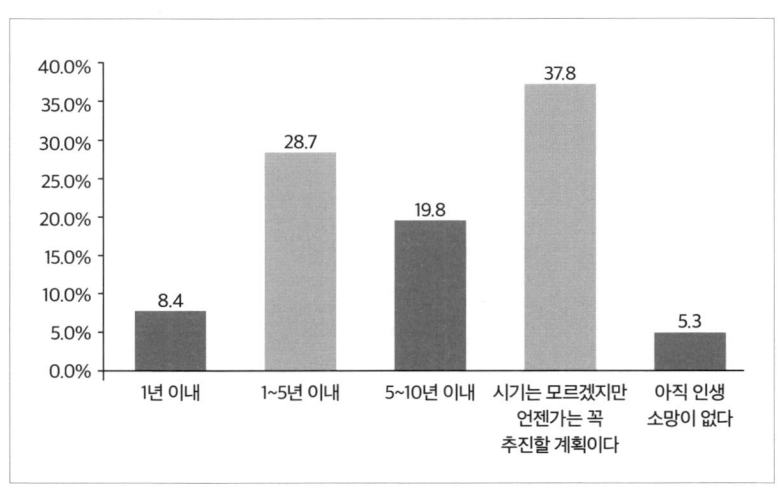

<그래프 22> 도시민의 버킷리스트 실행 시기

도시민 응답자 중 40대 이상 연령층의 절반가량은 농촌에서 자신의 버킷리스트를 이루고 싶어 했는데, 특히 모든 연령층에서 10명 중 1명 이상은 향후 5년 이내에 농촌에서 자신의 버킷리스트를 추진하려고 구체적으로 준비하고 있는 것으로 조사되었다. 농촌에서 버킷리스트를 실행하기를 원치 않는 그룹(A)과 농촌에서 버킷리스트를 실현하고 싶지만 생각만 하고 있는 그룹(B), 그리고 농촌에서 버킷리스트를 실행하기를 원하며 이를 실행하려고 준비하는 그룹(C)으로 구분하여 연령대별 특성을 살펴보았다.

〈표 22〉와 같이 20~30대는 A그룹의 비중이 압도적으로 높고, 40~50대는 A그룹과 C그룹이 유사한 분포를 나타냈다. 40대에서 60대로 갈수록 5년 이내에 추진하겠다는 C-1그룹의 비율이 높아지는 것이 특징이다. 이러한 조사 결과를 바탕으로, 만19세 이상인 도시민 중 5년 이내 농촌에서 버킷리스트를 실천하기 위해 현재 하나라도 준비하고 있는 도시민은 전국적으로 약 486만 명에 달한다고 추정할 수 있다. 또한 농촌에서 1년 안에 버킷리스트를 실행하고자 두 가지 이상 준비하는 가장 적극적인 도시민도 약 69만 명에 달하는 것으로 추산되며, 하나라도 준비하는 사람을 모두 합치면 1년 이내 농촌에서 버킷리스트를 실천하겠다는 도시민은 113만 명에 달할 것으로 예상된다.

많은 도시민이 농촌에서 버킷리스트를 실현하고 싶은 이유로 대체로 좋은 자연환경, 농촌에 여유로운 삶이 있을 것이란 기대를 꼽았다. 반면 농촌에서 버킷리스트를 실현하고 싶지 않은 이유로는 열악한 생활환경(29.5퍼센트), 열악한 문화 여건(17.9퍼센트), 열악한 의료 환경

구분	20대	30대	40대	50대	60대	전체
A) 농촌지역에서 버킷리스트를 실행하기를 원치않는 그룹(1222명)	71.3	61.4	48.8	45.3	50.7	54.1
B) 농촌지역에서 버킷리스트를 실행하기 원하지만 생각만 하고 있는 그룹(237명)	7.3	8.0	10.7	12.1	13.0	10.5
C) 구체적 준비 그룹(농촌지역) (800명)	21.4	30.6	40.5	42.6	36.3	35.4
C-1) 5년 이내에 버킷리스트 추진 계획을 가지고 농촌지역에서 실행하기 위해 구체적인 준비를 하고 있는 그룹(319명)	9.0	13.1	10.9	15.7	20.7	14.1
C-2) 5~10년 이내에 버킷리스트 추진 계획을 가지고 농촌지역에서 실행하기 위해 구체적인 준비를 하고 있는 그룹(226명)	3.9	7.3	13.2	15.4	6.7	10.0
C-3) 언젠가는 꼭 버킷리스트 추진 계획을 가지고 농촌지역에서 실행하기 위해 구체적인 준비를 하고 있는 그룹(255명)	8.5	10.2	16.4	11.5	8.8	11.3
전체	100.0	100.0	100.0	100.0	100.0	100.0

<표 22> 농촌에서 버킷리스트를 실현하려는 도시민 집단의 연령별 특성

준비상태	연령대	1년 이내	1~5년 이내	합계
1가지 준비 중	20대	125,829	161,780	287,609
	30대	107,746	261,669	369,415
	40대	45,080	255,452	300,532
	50대	44,469	311,284	355,753
	60대 이상	124,659	685,625	810,284
	합계	447,783	1,675,811	2,123,594
2가지 이상 준비 중	20대	35,951	251,658	287,609
	30대	261,669	200,100	461,769
	40대	150,266	330,585	480,852
	50대	71,151	391,328	462,479
	60대 이상	166,212	872,614	1,038,826
	합계	685,249	2,046,286	2,731,535

<표 23> 농촌에서 버킷리스트를 실현하려는 도시민 추산

항목	B) 농촌 지역에서 버킷리스트를 실행하기 원하지만 생각만 하고 있는 그룹(237명)	C) 구체적 준비 그룹 (농촌 지역) (800명)	전체(1069명)
좋은 자연 환경	36.7	38.3	38.5
일거리가 있어서	1.7	4.1	3.5
건강을 위해	14.8	16.4	15.8
여유로운 삶	41.1	35.5	36.5
지역주민들 인심	0.8	1.3	1.1
고향에 돌아가서 살고 싶어서	4.6	3.8	4.0
기타	0.0	0.8	0.6
전체	100.0	100.0	100.0

<표 24> 농촌에서 버킷리스트를 실현하려는 이유

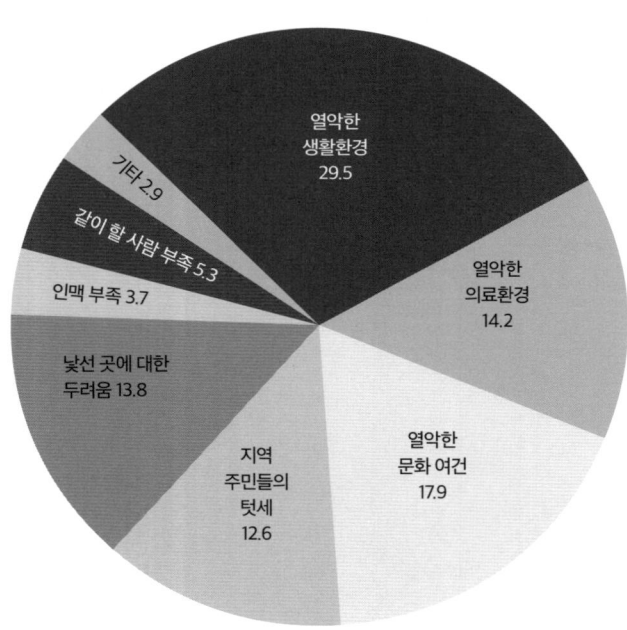

<그래프 23> 농촌에서 버킷리스트를 실현하지 않으려는 이유

(14.2퍼센트) 등 정주 환경에 관련된 문제로 나타났다.

도시민은 농촌에서 버킷리스트를 실행할 때 예상되는 어려움을 완화하기 위해 전반적으로 농촌 관련 정보의 제공과 저렴한 주거지 마련에 대한 정책적 지원을 요구하는 편이었다. 버킷리스트 실행을 위해 구체적 준비를 하고 있는 C그룹의 경우, 농촌의 정보 제공과 빈집 등을

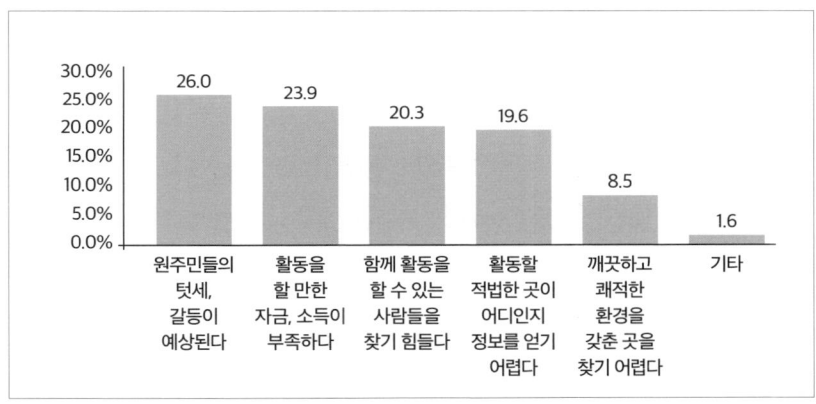

<그래프 24> 농촌지역에서 버킷리스트를 실행하고자 할 때 예상되는 어려움

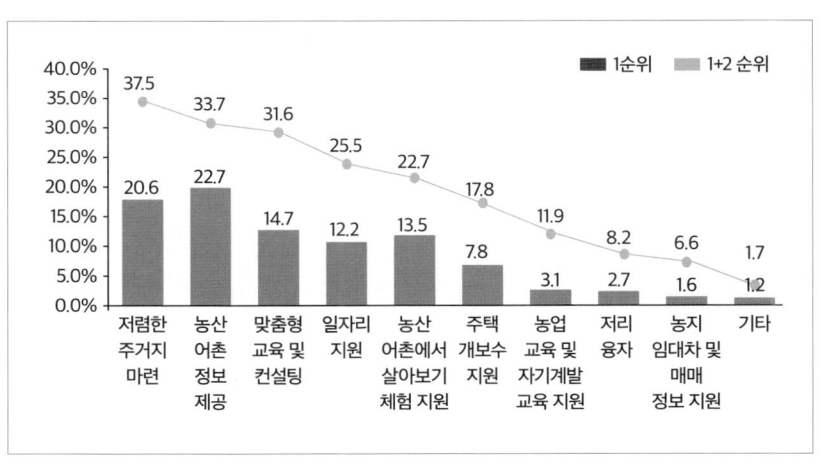

<그래프 25> 농촌지역에서 버킷리스트를 실행할 때 받고 싶은 지원

109

통한 저렴한 주거지 마련에 대한 지원 수요가 높았다. 이외에도 맞춤형 교육 및 컨설팅(16.3퍼센트)과 농촌에서 살아보기 체험 지원(14.3퍼센트)을 바라는 것으로 나타났다. C-1그룹에서는 농촌 정보 제공(26.3퍼센트)과 저렴한 주거지(20.7퍼센트)에 대한 행정 지원을, C-2그룹에서는 농촌 정보 제공(25.7퍼센트)과 귀농귀촌 맞춤형 교육 및 컨설팅(19.0퍼센트)을 가장 필요로 했다. 그리고 C-3그룹에서는 저렴한 주거지 마련(28.2퍼센트)에 대한 수요가 다른 그룹에 비해 높았다. 반면, 아직 구체적 시기를 정하거나 준비하고 있지 못한 그룹은 무엇보다 주거 지원을 더 필요로 하는 것으로 조사되었다. 또한 농촌에서 버킷리스트를 실현하기 원치 않는 그룹은 일자리 지원에 대한 필요를 다른 그룹에 비해 크게 느끼고 있었다.

도시민은 농촌에서 살기 위해서는 일자리 및 소득 창출 기회가 늘어나고, 편리한 생활환경이 구축되어야 한다고 생각하는 것으로 조사

구분	다양한 일자리 창출 및 소득기회	아름다운 농촌 경관 조성	공동체가 살아 있는 농촌	쾌적하고 편리한 주거 및 생활환경	의료 및 교육의 질 증대	농촌의 휴양, 관광 기능 강화	편리한 대중교통
전체(2291)	35.7	11.9	9.0	25.3	10.7	1.6	5.7
A) 농촌지역에서 버킷리스트를 실행하기를 원치 않는 그룹(1222명)	38.4	8.3	7.0	24.6	12.6	1.6	7.4
C) 구체적 준비 그룹(농촌지역) (800명)	31.1	18.1	12.5	24.0	8.8	1.6	3.9

<표 25> 버킷리스트를 실현하기 위해 농촌에 필요한 사항(단위 %)

구분	(가)	(나)	(다)	(라)	(마)	(바)	(사)	(아)	(자)	기타
전체(2291)	20.6	22.7	14.7	12.2	13.5	7.8	3.1	2.7	1.6	1.2
A) 농촌지역에서 버킷리스트를 실행하기를 원치 않는 그룹(1222명)	18.7	21.3	13.7	15.5	13.6	8.2	3.7	2.5	1.1	1.9
B) 농촌지역에서 버킷리스트를 실행하기 원하지만 생각만 하고 있는 그룹(237명)	26.2	20.7	15.2	11.8	11.8	7.6	2.1	2.5	1.7	0.4
C) 구체적 준비 그룹 (농촌지역) (800명)	21.9	25.3	16.3	7.3	14.3	7.3	2.4	3.3	2.0	0.3
C-1) 5년 이내 추진	20.7	26.3	16.3	6.3	14.1	7.8	2.5	3.1	2.5	0.3
C-2) 5~10년 이내 추진	16.4	25.7	19.0	8.4	15.0	9.7	2.7	1.8	0.9	0.4
C-3) 구체적 시기 미정	28.2	23.5	13.7	7.5	13.7	4.3	2.0	4.7	2.4	0.0

(가) 저렴한 주거지 마련 (나) 농촌 정보 제공 (다) 맞춤형 교육 및 컨설팅
(라) 일자리 지원 (마) 농촌에서 살아보기 체험 지원 (바) 주택 개보수 지원
(사) 농업 교육 및 자기계발 교육 지원 (아) 저리 융자 (자) 농지 임대차 및 매매 정보 지원

<표 26> 집단별 버킷리스트를 실현하는 데 필요하다고 생각하는 지원책(단위 %)

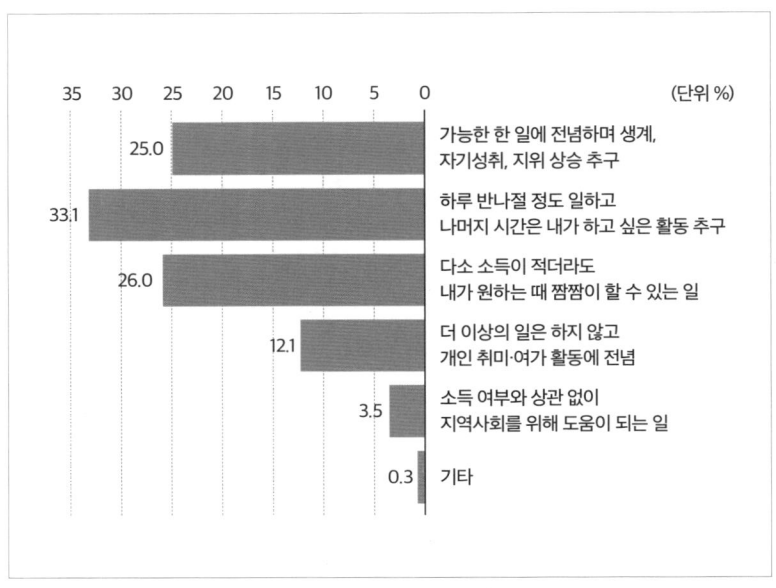

<그래프 26> 향후 희망하는 자기 일에 대한 모습

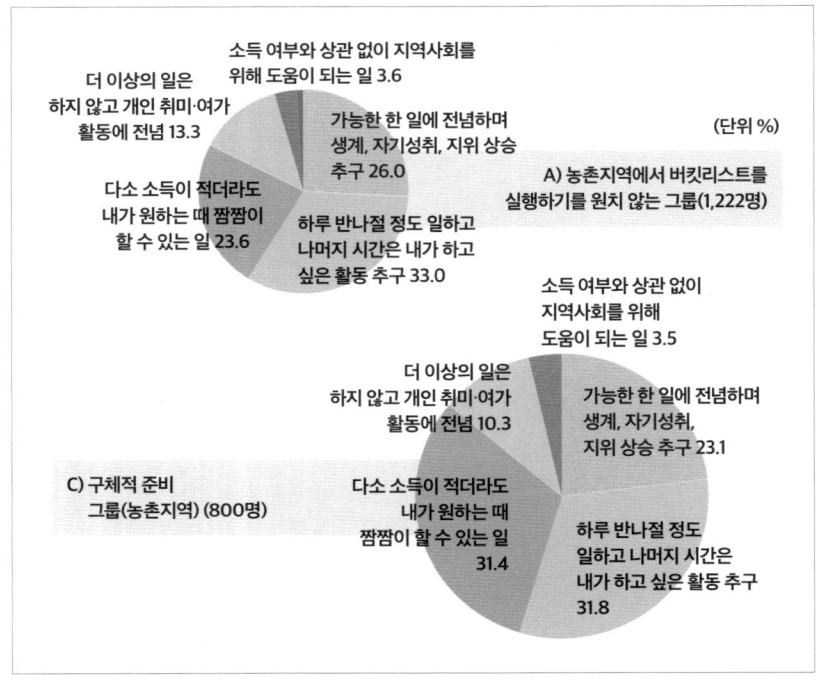

<그래프 27> 농촌에서 버킷리스트 실행 의향에 따른, 향후 희망하는 자기 일에 대한 모습

되었다. 이는 농촌에서 버킷리스트를 실현하기 원하지 않는 집단이나 현재 농촌에서 버킷리스트를 실행하기 위해 구체적인 준비하고 있는 집단에서 비슷하게 나타났다.

  도시민이 버킷리스트의 실천을 위해 소득 측면을 중요하게 생각하고 있긴 하지만, 전업 형태의 일자리보다는 소득이 적더라도 일과 삶의 균형을 이룰 수 있는 일자리에 관심이 높은 것으로 조사되었다. 특히 농촌에서 버킷리스트를 실현하려고 구체적인 실천을 취하고 있는 그룹은 그렇지 않은 그룹에 비해 소득이 적더라도 원하는 때 짬짬이 할 수 있는 일을 원하는 비중이 높게 나타났다.

국민 행복도와 버킷리스트에서 알 수 있는 점

한국 사회가 모두가 행복한 포용사회로 진입하기 위해서는 사회적 약자에 대한 배려가 필요한 상황이며, 농촌지역은 이에 대한 대안을 제공하는 공간이 될 수 있다. 농촌보다 도시에 거주하는 사람일수록 행복감이 낮으며 귀농·귀촌자의 경우 행복감이 높다는 조사 결과는 농촌의 삶에서 도시민의 낮은 행복감을 개선할 과제들을 발굴·추진 하는 것이 도시의 문제를 해결하는 데 도움이 될 수 있음을 시사했다. 특히, 행복감이 가장 낮은 중장년 세대를 농촌에 잘 정착하도록 돕는 다면 농촌의 저출산, 역량 부족 등의 문제도 함께 해결할 수 있을 것으로 기대된다.

하지만 아직은 농촌의 객관적인 정주 여건이 도시보다 상대적으로 부족하고, 농촌의 생활환경에 대한 불만과 두려움이 높다. 따라서 국민이 행복한 균형발전이란 차원에서 농촌 유토피아를 구현하려면 이를 해결하기 위한 다양한 방안이 마련되어야 한다. 농촌지역은 인구가 적어, 효율성에 기반을 둔 민간 자본뿐만 아니라 공공 재원도 쉽게 투입될 수 없어 서비스 인프라가 열악하다. 이러한 상황을 고려해 서비스 접근성을 개선할 수 있는 교통 네트워크 및 수단의 개선, 중심지-생활

거점-배후마을로 이어지는 효율적인 서비스 전달체계 개선 등이 필요한 상황이다. 특히, 농촌다움의 기본인 자연환경에 대한 만족도가 낮은 것은 시급히 개선해야 하는 중요한 과제다.

앞서 지적했듯이 도시에서의 삶이 행복하지 않다고 느끼는 중장년층은 농촌으로 이주하려는 성향이 더욱 높은데, 이들이 농촌에 잘 정착하고 보람차게 살도록 지원하는 방안이 마련되어야 한다. 이들 중에는 학력도 높고 상대적으로 중산층인 경우도 많은데, 이들이 농촌 사회에 잘 적응해 자신의 역량을 발휘할 기회를 마련해 준다면 전반적으로 국민의 행복도가 높아질 수 있다. 이를 통해 농촌 유토피아를 기반으로 국가 전체가 포용사회로 진입할 기회를 마련할 수도 있을 것으로 기대된다.

향후 농촌 정책은 농촌으로 인구를 유입한다는 일차적 목표를 넘어, 농촌이 사람들의 꿈을 실현하는 공간이 되도록 지원하는 것으로 목표가 전환되어야 한다. 많은 국민이 버킷리스트를 실현할 수 있는 공간으로 농촌을 고려하고 있는 점과 여행 외에도 전원생활, 레저·스포츠 등 개인의 삶과 여가의 종착지로 농촌을 생각한다는 점을 고려할 때, 단순히 농촌에 인구를 유치하는 것을 넘어 저마다 꿈을 실현할 수 있도록 다양한 지원책을 마련해야 한다. 이를 위하여 기초 생활서비스 충족 같은 기존의 농촌 정책에서 다루던 영역을 포함해 다양한 주거생활, 보람 있는 일과 활동 여건이 농촌 정책에서 함께 다루어져야 한다. 그리고 무엇보다 그러한 정보를 구득하고 경험할 수 있는 지역의 플랫폼과 네트워크 체계의 구축이 중요하다고 하겠다.

4장

농촌 사회혁신 사례와
실천 가능한 모델

유형별 사례

농촌 유토피아는 국민 모두가 행복하면서 살기 좋은 농촌을 활성화하는 것을 지향하는 만큼 인식과 실천의 혁신적 전환이 요구된다. 사회혁신이란 새로운 지식이나 사회적 관계망을 형성하여 사회 문제를 해결하고, 다양한 사회적·환경적 수요를 충족시키기 위한 일련의 실천이라 정의할 수 있다. 최근에는 지역의 문제를 해결하기 위해 정책적으로 사회혁신의 확산을 꾀하고 있다(Nicholls & Murdocj 2012; 송석휘 2015). 농촌 유토피아는 농촌이 당면한 문제를 해결하고 농촌 공간에 대한 주민과 국민의 다양한 수요에 응하기 위해 기존 사회적 관계망의 변화와 새로운 시도를 추진해야 한다는 점에서 농촌 사회혁신 실천으로 볼 수 있다.

현장에서 농촌의 문제를 해결하고 지역의 활력을 도모하는 다양한 실천 사례와 함께, 최근 농촌의 사회혁신을 촉진하기 위한 해외 정책 및 국내 지자체들의 시책 사례를 살펴볼 것이다. 국민의 버킷리스트를 조사한 결과, 일자리 등의 경제적 기반, 개인이 보람을 느끼며 삶의 질을 높이는 활동 및 주민과의 조화로운 관계가 농촌 유토피아 실천의 중요한 요소로 확인된 바 있다. 이러한 결과에 기초하여, 이주민과 기존 주

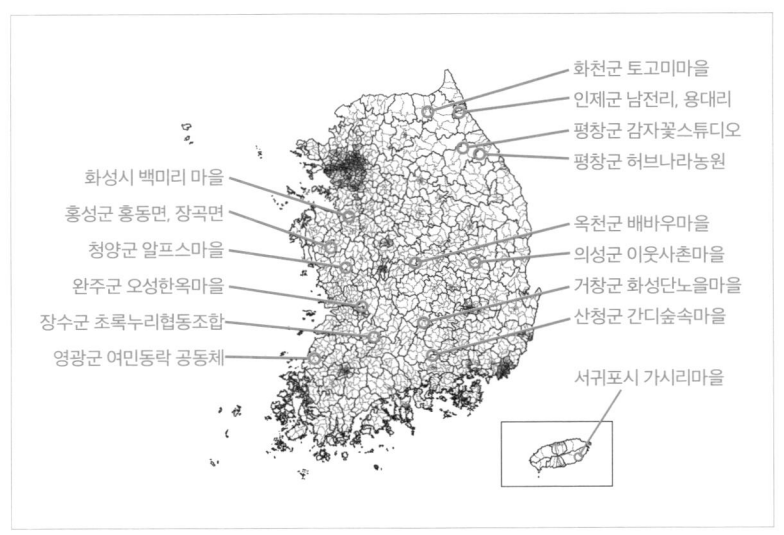

<지도 10> 농촌 사회 혁신 사례

민이 협력하여 농촌에서 다양한 경제적 기반을 마련한 사례, 주민들 삶의 질을 높이고 보람을 느낄 수 있는 다양한 활동을 조직하여 추진한 사례 들을 살펴볼 것이다. 또 도시민의 농촌 정착을 지원하는 정책과 지원 사례와 함께 농촌 주민의 입장에서 본 농촌 유토피아의 미래상과 이를 실천하기 위한 과제를 살펴보도록 하겠다.

주민간 협력을 통한 새로운 경제 기반 마련과 일자리 창출

강원 화천군 토고미 마을

귀농인이 리더가 되어 주민과 함께 '일사일촌(一社一村)'등 다양한

도농교류 사업을 추진하여 마을의 브랜드 가치를 높이고 소득기반을 확충한 사례다. 마을 출신의 귀농인 한상열 마을위원장이 1999년 기존 마을 주민과 함께 작목반을 구성해 벼농사에 친환경 오리농법을 도입했다. 이후 마을 주민을 설득해 친환경 벼 재배 단지를 조성하여 주민의 소득 증대와 마을 이미지 개선에 기여했다.

마을에서 친환경 오리농법으로 생산한 쌀 판매량이 늘어나자, 마을 이름인 토고미를 브랜드로 만들고, 마을 주민의 참여를 통해 도농교류를 시작했다. 강원도 자체적으로 추진하던 '새농어촌건설운동' 사업의 우수마을로 선정된 것을 시작으로, 녹색농촌체험마을, 정보화마을 등 정부와 지자체의 마을 개발 사업에 선정되어 도농교류를 위한 기반시설을 조성하게 되었다. 마을의 폐교를 도시민의 농촌 체험 프로그램 공간으로 리모델링하여 숙박시설 등을 갖추고, 농작물 수확체험 등의 프로그램을 개발하며, 우렁이쌀 축제와 논두렁 재즈페스티벌 등 도시민 대상 프로그램을 지속적으로 운영하고 있다. 특히 토고미 마을은 일사일촌 교류사업을 적극적으로 활용하며, 결연을 맺은 회사와 장기간 관계를 유지하고 있는 것이 특징이다.

강원 평창군 허브나라 농원

허브나라 농원은 1993년 귀농인 이호순, 이두이 부부가 전원생활을 목적으로 현 위치인 평창군 봉평면 흥정계곡에 정착하여 소규모로 허브를 재배하며 시작되었다. 현재는 경관농업을 테마로 도시민 대상의 체험·휴양·문화시설을 갖춘 관광농원으로 운영된다. 허브 재배지를 중심으로 공방, 식당, 박물관, 갤러리, 공연장 등 방문객의 다양한 수요에 대응한 시설이 마련되어 있는데, 현재 연 방문객 30만 명 규모로 성장했다.

이곳은 관람, 체험, 가공뿐만 아니라 야외공연장 등에서 지속적으로 문화 공연을 열고, 주민과 공동으로 지역 축제를 개최하여 마을과 함께하는 도농교류의 거점으로 기능하고 있다. 지속적으로 사업을 추진할 수 있었던 건 바로 지역 주민과 협력관계를 형성했기 때문이다. 정착 초기에는 지역 주민과 갈등도 빚었으나, 주민과의 협력을 확대해나가면서 마을 공동의 사업을 추진하는 등 시너지 효과를 창출할 수 있었다. 1999년부터 일본 도가촌 마을과 자매결연을 맺고, 주민과 함께 일본을 방문하며 일본의 사례에서 마을 축제를 구상했다. 현재는 농원과 마을 주민이 공동으로 효석 문화제를 비롯한 여러 지역 축제를 성공적으로 개최하고 있다.

강원 인제군 용대리 백담 마을

백담 마을은 주민의 주도로 마을기업을 설립한 뒤 소득사업 및 일자리 창출을 통해 마을의 활력을 높인 사례다. 마을 주변에 위치한 백담사를 방문하는 사람들이 늘면서 백담사에서는 방문객의 편의를 위해 버스 두 대를 운행하게 되었다. 이 일이 사업성이 있다고 판단한 당시 정래옥 이장 등은 백담사 큰스님의 협조로 버스 두 대를 불하받아 1996년 용대 향토기업을 설립한다. 이후 방문객이 더 증가하여 연차별로 버스를 늘려, 2012년부터는 총 열 대를 운행하고 있다. 상근 기사 10명과 예비 기사 3명, 관리직원 6명 등 총 19명의 정규직원을 고용하고 있다. 2017년 용대 향토기업은 약 18억 원의 수입 중 1억4000여만 원을 마을 복지와 교육 사업에 지원했다. 용대 향토기업의 잉여금은 상품 판매장과 가공공장 설립 등 마을 소득사업에도 재투자되었다. 2017년에는 마을 운영기금으로 명절에 가구(약 200호)당 50만 원의 배당이 주어졌다. 이외에도 어르신들을 위한 행사, 어린이 도서관 운영, 장학금 등을 지원하고, 마을의 청소년들이 이용할 수 있는 방과후학교 시설과 마을도서관을 운영하고 있다. 백담사 입구의 상권이 활성화되고 용대 향토기업 운영에 필요한 노동력 수요가 증가하면서 백담 마을에는 청장년층 인구가 꾸준히 유입되어 마을의 활력이 되살아났다. 또한 마을 자금이 늘어나면서 어린이와 노인이 함께 존중받는 공동체로 발전하고 있다.

충남 청양군 알프스 마을

알프스 마을은 지역 출신의 도시민이 귀농하며 지역의 자연자원과 특산물을 활용한 다양한 축제와 체험 프로그램을 기획해 마을 주민과 함께 도농교류 사업을 추진한 곳이다. 현 마을위원장이 2002년 귀농해, 2004년부터 농촌마을 종합개발사업을 시작으로 도농교류센터를 설치하며 도농교류 사업을 시작했다. 2007년에는 알프스 마을 영농조합법인을 설립해, 2008년 제1회 얼음분수축제를 시작으로 지역의 유무형 자원을 활용한 축제를 계속 열고 있다. 현재 뷰티 축제(봄), 세계 조롱박 축제(여름), 칠갑산 콩 축제(가을), 칠갑산 얼음분수 축제(겨울)를 개최하고 있는데, 2017년 연간 27만 명이 방문했다.

칠갑산 아래에 위치한 자연환경을 활용해 눈썰매장, 얼음낚시터 등을 운영하여 관광객을 유치하고 있으며, 숙박·운동·체험 등을 위한 편의시설을 확충해 체류형 휴양지로 발전시키고 있다. 도농교류 활동에는 마을 주민 모두가 참여하는 것을 원칙으로 하며, 마을이 활성화되어 일자리를 창출하고 귀농·귀촌인도 늘어나는 추세다. 축제 외에도 주민 스스로 마을 개발사업을 추진해 직접 생산한 농산물과 지역 특산물을 가공한 제품을 생산해 방문객에게 판매하고 있다.

마을의 중장기 계획을 수립하고, 마을의 비전과 목표를 주민과 공유함으로써 주민의 참여를 유도했다. 마을회의와 투명한 회계시스템 구축으로 주민의 신뢰를 얻으며 사업을 추진하는 체계를 구축했다. 현재 20명이 넘는 상근직 일자리와 연 인원 6400명 정도의 일용직 일자리를 창출하는 성과를 거두고 있다.

전북 완주군 소양면 오성 한옥마을

오성 한옥마을은 귀촌인이 지역에 정착하면서 건축한 한옥을 시작으로 지자체(완주군)에서 한옥마을 조성을 지원하고, 주민 주도로 다양한 사업을 추진하면서 마을 공동체가 활성화된 곳이다. 2002년 귀촌인이 경남 진주에 있던 고택을 오성 마을로 이전·건축한 뒤 여러 매체에 소개되다가 방송 촬영 목적으로 한옥이 추가로 지어졌다. 이후 지자체에서 도시민 유치와 지역 활성화 수단으로 한옥 단지를 사업으로 구상하면서 여러 채의 한옥이 조성되었다. 완주군은 인구 유입 및 지역공동체 정주 공간 마련을 목적으로 2012년 오성 마을을 한옥관광

자원화 사업지구로 선정하고, 방문객 대상의 숙박·휴양시설 설치를 전제로 한옥 건축비를 지원하기 시작했다. 현재 일곱 채의 도시민 대상 한옥 숙박시설이 운영되고 있다.

한옥 건축과 함께 주민의 자발적 참여를 통해 마을의 새로운 소득원을 확보하고 마을 공동체를 활성화하기 위한 여러 활동이 추진되고 있다. 토속담 쌓기, 마을 골목길 정비, 경관 가꾸기, 마을숲 가꾸기 등 정주환경 개선을 위한 사업이 주민 주도로 추진되었다. 또한 공동으로 영농조합법인을 설립해 마을 공유자산으로 공동 급식시설 등의 서비스 시설과 함께 체험·숙박 시설을 설치해 운영하고 있다.

다양한 경제적 기반 제공을 통한 청년의 농촌 정착 지원

충남 홍성군 장곡면 젊은협업농장

홍성군 장곡면에 소재한 젊은협업농장은 농사 경험과 지역에 연고가 없는 청년이 농촌에 정착할 수 있도록 농업 활동을 포함한 다양한 교육 프로그램과 지역사회 참여 기회를 제공하는 역할을 하고 있다. 이 지역에 소재한 풀무학교 교사 출신 정민철 씨가 2012년 착수한 쌈채소 농장에서 출발해, 2013년 젊은협업농장이란 이름의 협동조합을 설립하면서 청년 농민을 육성하는 체계를 갖추기 시작했다. 청년들이 농장에서 1~2년 농사를 배운 뒤 독립해 자신의 농장을 시작하도록 돕는데, 이를 위해 농사만이 아니라 마을 행사 등 지역사회에서 일어나는 대소사에 청년들이 참여하게 한다. 또한 2015년부터 다양한 교육 기회를 제공하는 프로젝트를 진행하다가, 2017년에는 평민 마을학교를 개설하여 유기농업, 역사인문학, 기초화학, 유기재배의 기초와 실제, 지역의 이해 등의 강좌를 개설해 운영하고 있다.

젊은협업농장이 자리를 잡는 데는 지역사회의 여러 주체의 도움이 컸다. 홍성 유기농 영농조합법인은 농장에서 생산한 농산물을 구매하고, 마을의 고령 농민들은 농지를 제공해주며, 풀무학교는 농장에서 일할 청년을 연결해주는 역할을 담당했다. 젊은협업농장의 특징은 청년들의 영농 정착을 위한 지원만이 아니라, 지역의 다양한 활동 주체와 연계해 지역사회를 위한 활동을 벌인다는 점이다. 같은 지역에는 농업 활동을 통한 정신질환자 재활 프로그램을 운영하는 행복농장도 2014년에 설립되었는데, 이곳과도 협력해 일부 프로그램을 함께 운영하고 있다. 젊은협업농장의 교육을 받은 사회복지학과 출신이 직원으로 참여해 행복농장을 설립했다는 점도 훌륭한 성과다.

2017년에는 젊은협업농장과 별개로 청년농부 영농조합법인이 설립되어, 지역에 찾아오는 청년들을 지역 안에 소재한 9개 농장과 연결해 그들의 정착을 돕는 사업도 벌이고 있다. 이외에도 지역의 다른 단체와 연계하여 청년 창업 인큐베이팅 활동도 추진하고 있으며, 농장 출신들이 농사일과 병행해 초등학교 방과 후 프로그램의 강사로 나서거나 농장이 위치한 마을의 권역개발사업 운영위원회 사무장을 맡기도 했다. 젊은협업농장의 이 모든 활동은 농촌의 미래를 위해서는 농업에만 종사하는 것이 아니라 농촌에 필요한 활동에도 역할을 발휘할 수 있는 농가(대체로 농업소득 3000만 원 미만 규모 농가 그룹)들이 폭넓게 유지되어야 한다는 인식에 기반한다.

경북 의성군 이웃사촌마을

의성군은 지방 소멸에 대한 위기 의식에서 경상북도와 함께 지역의 인구 유입을 목표로 일자리와 정주 여건을 동시에 갖춘 청년마을을 조성하고 있다. 의성군에서 상대적으로 정주 인프라가 우수한 안계면을 사업 대상지로 선정해, 2022년까지 1단계 사업으로 청년임대주택 100가구, 식품산업특화 농공단지, 반려동물 문화센터 설립 등을 추진하고 있다.

또한 임대형 스마트팜을 조성해 창농을 희망하는 도시 청년에게 5년간 임대하고, 문화예술 분야 등 다양한 부문의 청년 창업을 지원하기 위해 폐교를 개조하여 청년예술창작공간을 조성할 계획이다. 빈집과 빈 상점을 리모델링해 청년에게 임시 주거공간으로 제공하고, 현재는 불가능하지만 지역의 산부인과에서도 분만할 수 있도록 추진하는 동시에 출산통합지원센터를 개설할 계획이다. 소아청소년과 개설, 국공립 어린이집 신축, 마을돌봄터 설치 등 청년 가구의 생활여건을 개선하는 사업 또한 추진하고 있다.

2019년 4월, 이웃사촌마을 조성사업을 추진하고자 주민의 참여와 민·관 협력을 위한 중간 지원조직으로 이웃사촌지원센터를 개소해 이곳을 중심으로 도시 청년의 유치와 지역 주민의 참여 및 화합을 위한 프로그램을 마련하고 있다. 도시 청년들의 유입을 촉진하기 위해 도시의 청년단체와 MOU를 체결하고, 팸투어*를 실시하는 등 도시 청년들의 관심사항과 수요를 사전에 파악하기 위해 노력하고, 도시 지자체와도 협력하기 위한 도농연계 활동을 지원하고 있다. 특히 지역 주민들이 이 사업을 이해하도록 돕고, 참여를 독려하기 위해 주민 아이디어 경진대회나 선진지 견학 등과 같은 공동체 활성화 사업도 펼치고 있다. 이와 함께 사업에 대한 주민의 의견을 청취·반영하고, 청년들이 이주·정착하는 과정에서 주민과 화합할 수 있도록 지역주민 원탁회의, 이웃사촌사업 세미나 같은 주민 참여 활동도 기획하고 있다.

경북 도시청년 마을파견제

도시청년 마을파견제는 지방 소멸에 대응하여 창업 의지가 있는 청년들을 경상북도의 농촌에 유치하기 위해 추진하는 사업이다. 심사를 거쳐 선정된 청년에게는 창업 자금을 최대 3년간 지원하는 형태의 제도다. 여러 분야의 청년 창업 활동을 지원하는데, 읍·면 단위의 마을 지역 활성화에 기여하는 경우에는 우대하는 것을 원칙으로 한다. 지역의 자원과 특산품을 활용한 관광상품 개발, 미술·음악·사진 등 청년 중심의 문화예술 및 창작 활동 지원, 전시·체험공간 조성, 청년카페, 음식점, 게스트하우스 운영 등의 지역 기반 창업, 지역의 활성화를 위한 기타 모든 활동이 지원 대상이다.

출신 지역이나 거주 지역에 제한은 없으며, 경상북도에 거주하는 청

---

* 팸투어는 Familiarization Tour의 줄임말로 지방자치단체나 여행업체 등에서 자신들의 관광지나 관광상품을 홍보하고자 관련된 인사를 초청해 실시하는 일종의 사전답사 여행을 뜻한다.

년의 경우에는 타 지역 청년과 협업하는 형태로 참여할 수도 있다. 지원금은 1인 기준 3000만 원(정착활동비, 사업화자금)이고, 팀은 최대 5명까지 구성할 수 있으며, 지원금 외에 별도의 역량강화 교육 및 컨설팅을 지원한다.

2019년까지 청년 창업체 100호를 목표로 하고 있는데, 문경의 청년 한옥 게스트하우스·카페 '화수헌'이 대표적인 사례다. 2018년 10월 정식으로 개관한 경상북도 도시청년 시골파견제 사업의 1호 창업 사업체인 이곳은 부산, 대구, 경남 등 도시에서 자란 청년 5인이 문경시 산양면 현리 마을에 창업한 게스트하우스다. 당시 문경시에서는 게스트하우스 2채를 매입해 리모델링을 지원했다. 화수헌은 하루에 한 팀만 숙박 예약을 받는 등 기존의 숙박시설과 차별화된 운영으로 이용객의 만족도가 높으며, 게스트하우스 및 카페에서 소비되는 식자재는 지역의 농산물을 매입해 이용하고 주민들은 주차 공간을 제공하는 등 지역 사회와 협력을 통해 운영되고 있다.

전남 '마을로 내일로' 프로젝트

'마을로 내일로' 프로젝트는 전남에 거주하거나 향후 거주하기를 희망하는 청년을 대상으로 전라남도에 있는 마을의 활성화를 위해 활동비(인건비)를 지원하는 형태의 프로젝트다. 이 프로젝트에 참여한 청년은 지역의 농업·농촌 관련 경영체 및 공공기관에 소속되어 월 180~200만 원의 인건비와 월 30만 원의 교통·숙박비 등을 받으며, 직무 역량 강화를 위한 교육 프로그램 등이 지원된다. 2018년 10월에 출범한 500명 규모의 1기 프로젝트를 시작으로 2021년까지 4년간 3500명의 청년을 파견할 목표로 추진하고 있다.

재능 나눔을 통한 지역·공동체 활성화 및 주민 복지 증진

강원 평창군 감자꽃 스튜디오

감자꽃 스튜디오는 문화예술 기획자였던 귀촌인 이선철 대표가 폐교를 활용해 조성한 문화 공간이다. 이곳에는 도서관, 박물관, 공연장 등의 문화시설과 식당, 숙소 등의 복합공간이 갖추어져, 도농교류 및 주민들의 문화생활 거점으로 활용되고 있다. 문화예술 각 분야의 전문가들이 참여해 지역의 청소년과 마을 주민, 취약계층을 대상으로 하는 문화예술프로그램을 운영하는 한편, 계절에 따라 마을 축제, 운동회, 송년회 등 지역 주민과 연계한 행사를 개최하고 있다. 또, 마을의 이미지와 자원을 활용한 디자인 작업과 전통자원 아카이빙, 지역 예술가의 공연 및 전시회도 개최한다. 이 외에도 지역 주민과 역할을 분담해 감자꽃 스튜디오가 문화예술 프로그램의 운영을 담당하고, 지역 주민은 관련 정책과 사업을 활용해 방문객의 숙박과 식사, 체험 프로그램 등을 맡음으로써 지역 관광 활성화와 주민의 소득 증대에 기여하고 있다.

경남 거창군 하성단노을마을

하성단노을마을은 청년 귀농·귀촌인이 도시의 문화·예술인을 주민과 연결해, 폐교를 주민의 문화 공간으로 재창조하고 다양한 문화·예술 프로그램을 운영하는 사례다. 마을에 위치한 하성 초등학교는 1999년 폐교되어 방치되다가, 14년이 지난 2013년 귀촌인의 기획으로 문화체육관광부의 '문화이모작사업'에 선정되어 주민을 위한 문화행사(백일장·시 낭송)가 개최되었다. 이를 계기로 2014년 문화체육관광부 생활문화센터 조성사업에 선정되어 시설비를 지원받아 폐교를 리모델링하고, 지역 주민을 위한 문화 공간(하성단노을 생활문화센터)이 조성되었다. 이후 이곳을 활용하기 위한 '하성 초등학교 살리기' 주민 모임이 결성되고, 이들의 주도로 폐교 활용 및 주민 공동체를 위한 사업이 기획되었다. 최근에는 농식품부의 창조적 마을만들기 사업으로 전시 공간과 북카페 등이 개설되어 활용되고, 댄스와 난타, 밴드 등 주민을 위한 문화 동아리 운영 및 정기적인 공연과 축제가 개최된다. 초기에 사업을 기획한 김훈규 사무국장을 중심으로 도시지역의 역량을 갖춘 청년과 네트워크를 구축하고 마을 소식지 발간, 마을 축제 기획, 주민 영상 제작 등 도시 청년의 역량을 지역의 공간 재생에 활용하는 '농촌 디자인 농활'을 실시했다. 이후 지속적인 교류를 통해 생활문화센터 조성 및 마을과 지역을 위한 다양한 문화·예술 프로그램을 기획·운영하고 있다.

제주 서귀포시 가시리 마을

가시리 마을은 2009년 농식품부의 농촌마을 종합개발사업과 신문화공간 조성사업 대상지로 선정되었고, 예술인을 대상으로 한 '가시리 예술인 창작지원센터'가 2011년 8월 개관되었다. 이후 창작지원센터에

입주를 희망하는 작가를 모집해, 선정된 작가는 2~12개월 센터에 무료로 거주하면서 작업실, 공동취사 시설, 목공장 등을 이용할 수 있도록 했다. 입주한 이주 예술인에게는 주 1회 이상 주민을 대상으로 하는 작업이나 교육을 실시하도록 하고, 문화·예술 창작활동의 결과물의 일부를 마을에 환원하도록 하며, 매년 결과물을 가지고 통합전시회를 개최하도록 했다. 이러한 문화·예술 시설 및 프로그램을 기반으로 마을 축제 및 지역의 자산을 활용한 관광 프로그램 등이 운영돼 마을의 소득 증대 효과도 나타났다. 마을의 공동자산으로 보유하던 목장을 정비해 조랑말 박물관, 유채꽃 플라자 등의 기반시설을 조성하고, 마을 축제 등을 개최해 주민의 일자리 창출 및 관광객 유치 효과를 거두었다.

전북 장수군 초록누리 협동조합

귀농·귀촌인이 주도하여 지역 교육을 활성화하고자 친환경 농업과 도농교류 프로그램을 진행하던 장수하늘소 마을에서 귀농 여성들과 지역 주민이 주축이 되어 협동조합을 결성해 자체적으로 교육서비스를 제공하는 프로그램을 운영한 사례다. 처음에는 귀농인의 자녀 교육에 대한 수요에서 시작되었는데, 마을에서 수행하던 도농교류 프로그램을 기반으로 지역의 초·중·고 학생들에게 다양한 방과 후 프로그램 및 교육서비스를 제공하는 것으로 확대되었다. 현재 귀농가구 가구원 5명을 포함한 조합원 14명이 지역 학교의 방과 후 학교 프로그램을 위탁받아 운영하고 있다. 이곳은 상대적으로 열악한 지역의 교육 여건을 개선하고자 귀농인과 지역 주민이 협력하여 교육서비스를 제공함으로써 지역사회를 발전시키고 공동체를 활성화한 사례로 평가된다.

제주 서귀포시 서귀포 귀농귀촌 협동조합

서귀포시 남원읍 일대의 귀농·귀촌 이주민과 지역 주민이 함께 결성한 마을기업 및 협동조합이 주축이 되어 지역 통합 및 문화 활동을 성공적으로 추진한 사례다. 외국에서 광고 및 공연기획자로 일하던 대표(안광희 현 이사장)가 귀촌하며 귀촌인과 지역 주민 사이의 소통을 위해 문화·예술 프로그램 등의 공동체 활동을 기획하면서 시작해, 더 조직적인 활동을 위해 협동조합 형태로 발전했다. 농어촌 지역 주민을 대상으로 '마을 청춘극장', 제주 문화 이해를 위한 '남원 북클럽', 지역 주민과 귀촌인이 함께하는 마을 방송국 '제주 살래', 어린이 문화·예술 학교 등을 실시하고, 지역 및 이주 청년들과 제주 마을공동체 사이의 교류를 위한 '청년제주 워킹홀리데이' 프로그램을 운영하고 있다. 또한 지역 주민 소득 사업의 일환으로, 은퇴한 해녀의 일자리 창출을 위한 '엄마의 바다' 양초 제작·판매 사업을 추진하고, 지역의 해녀를 소재로 한 다큐멘터리 〈엄마의 바다〉를 제작했다.

경북 칠곡군 어름사니 재능나눔 프로젝트

이 프로젝트는 은퇴한 베이비붐 세대의 전문 역량을 활용해 칠곡군에 있는 농촌 마을의 다양한 사회 활동을 추진하는 사업이다. 비영리 단체와 연계해 은퇴자의 건전한 여가 활동을 지원하고 사회 참여 기회를 제공함으로써 지역사회에 대한 관심과 자존감을 향상시키고, 지역 공동체의 활성화를 유도하고자 도입되었다. 현재 자신의 재능을 이웃과 나누고자 하는 지역의 은퇴자 210명이 활동 중인데, 주로 읍·면사무소의 평생학습센터와 민간에서 운영하는 각종 교양강좌의 강사로 활동한다. 최근에는 지역 초등학교와 어린이집을 연계해 방과 후 학교 프로그램에 교사로 참여하고 있다. 칠곡군에서는 인적 자원 발굴 및 인력풀 구축, 재능기부자와 이들을 필요로 하는 기관을 연결해주는 활동 등을 지원한다.

새로운 사회적 관계망 형성을 통한 농촌 사회혁신 사례

경남 산청군 간디 숲속마을

숲속마을은 산청군 신안면에 위치한 간디학교란 대안학교를 중심으로 '교육생태 공동체'를 지향하는 귀농·귀촌인의 마을이다. 1999년에는 외송리의 안솔기 마을, 2004년에는 안봉리의 둔철 마을과 갈전 숲속마을이 조성되었다. 특히 갈전 숲속마을은 독신자를 위한 공동주택과 가족 이주민을 위한 주택부지를 함께 조성해 생태적 가치를 지향하는 귀농·귀촌인을 모집했다. 이곳의 주민들은 대부분 도시에서 이주한 귀농·귀촌인으로, 모두 사전에 선정 절차와 마을 운영계획 등에 대해 공유하는 세미나를 거쳐 입주한다. 이들은 각자의 여건에 따라 다양한 형태(반농반X, 5도2촌 등)로 마을에 거주하는데, 귀농·귀촌인이 가장 걱정하는 자녀 교육 문제에 대해 간디학교와 주민이 함께 대안적인 실천 방안을 모색한다. 주택 건축의 경우에도 생태적 가치에 따라 황토, 천연펄프 등 환경친화적 자재를 사용하며, 수세식 화장실과 가로등을 설치하지 않고 천연세제를 사용하는 등의 원칙을 고수한다.

최근에는 간디학교 등과 연계해 영농조합법인을 결성하고 마을 주민이 공동으로 생산 활동을 하고 있다. 간디학교와 마을의 공동자산을 기반으로 농산물, 식품가공, 학교 기숙사를 활용한 홈스테이 운영, 마을 카페 등 다양한 소득 활동을 추진한다.

충북 옥천군 안남면 배바우 마을

배바우 마을은 지역 주민의 자치·대의기구인 안남면 지역발전위원회를 중심으로 다양한 공동체 활성화 사업을 추진하고 있다. 지역발전위원회는 지역의 중장기 발전을 위한 면 단위의 종합발전계획을 수립하고, 경제·문화·복지 등 다양한 영역에 걸쳐 주민의 삶의 질 향상을 위한 사업을 기획한다. 주민 교류의 거점 시설로 배바우 도서관을 운영하는 한편, 친환경 농산물 직거래 장터(배바우 장터), 주민이 참여하는 작은 음악회, 마을소식지 〈배바우 신문〉 등 여러 공동체 활동을 지속적으로 추진하고 있다. 이외에도 도시민이 지역을 방문해 직접 활동하는 주말농장과 계절별 농촌 체험 등 다양한 도농교류 프로그램을 주민 스스로 기획·운영한다. 지역발전위원회가 중심이 되어 주민 사이의 사회적 관계망을 형성하고 있으며, 공동체 사업을 추진하는 과정에서 발생하는 갈등을 공동체 내부에서 해결할 수 있는 협력 구조를 갖춘 것이 큰 특징이다.

전남 영광군 여민동락 공동체

여민동락 공동체는 노인 비율이 40퍼센트에 달하는 고령화 지역인 영광군 묘량면에서 주민을 대상으로 복지서비스를 제공하는 것을 목표로 한다. 이를 위해 일자리, 교육, 생활서비스 영역의 활동을 벌이며 지역공동체를 활성화하고 있다. 처음 시작은 2007년 마을에 귀촌한 세 부부가 자립적인 지역복지 공동체를 형성하고자 노인복지센터를 개소하고, 주간보호센터 운영과 재가노인복지서비스를 제공한 데서 출발했다.

일상생활이 가능한 마을 노인들을 대상으로 적절한 일자리를 창출하기 위해 협업농장을 운영하고, 2009년에는 농산물 가공공장을 설립해 그 농산물을 이용한 모싯잎 송편을 생산·판매하고 있다. 또, 지역의 소매점이 폐업하자 2011년부터 동락점빵이란 판매점도 운영하며 생필품과 식재료를 이동판매하는 생활서비스를 제공하고 있다(동락점빵은 2014년부터 지역 주민이 참여하는 사회적 협동조합으로 전환했다). 이외에도 주민을 대상으로 식사, 물리치료, 민요, 한글교실, 미술교실 등의 평생교육 프로그램을 제공하는 마을 학교도 운영한다.

이러한 활동 결과, 젊은 가구가 늘어나는 등 지역 활성화 효과가 나타나고 있다. 현재 여민동락 공동체에 합류한 귀농·귀촌인은 모두 36명(자녀까지 총 60명)이며, 지역의 학교 살리기 활동을 계기로 이 지역으로 이주한 주민 29명(성인 14명, 자녀 15명) 등 모두 89명이 새롭게 이주했다.

스페인 마리날레다 마을 공동체

스페인의 마을 공동체인 마리날레다는 공동 경작, 협동조합, 직접 민주주의를 전면에 내세운다. 우리는 이 사례를 통해 농촌 유토피아의 구현을 위한 시사점을 얻을 수 있다.

스페인 남부 안달루시아에 있는 인구 2700명 규모의 작은 마을 마리날레다는 1980년대 실업률이 60퍼센트를 넘는 침체 지역이었다. 하지만 마을 공동체가 농업을 기반으로 한 유토피아를 꿈꾸며 노력한 끝에, 현재는 '실업율 0퍼센트, 주택보급률 100퍼센트'인 지역으로 변모하고 매년 인구도 조금씩 증가했다. 스페인 정부의 지원으로 무상의료만이 아니라, 월 2만 원 정도에 각종 스포츠, 복지 관련 시설을 이용할 수 있게 되었다. 또한 월 15유로(약 2만1000원)의 비용으로 상속이 가능한 자가주택을 소유할 수도 있다.

정부로부터 1200헥타르의 공유지(우모소 농장)를 얻어낸 마리날레다에서는 한 달에 15유로(약 1만8000원)만 내면 농지를 사용할 수 있고, 농업노동자는 공동 농장에서 일하며 어떤 일을 하든지 하루 47유로(월 평균 1200유로 정도)의 동등한 임금을 받는다. 또한 모든 농업노동자는 노동자연합(SOC)라고 불리는 노동조합에 가입되어 있고, 이 노동조합은 우모소 농장을 운영하는 우마르 협동조합을 통해 일거리를 받는다. 우마르 협동조합은 농장 운영 외에도 올리브유 공장, 통조림 공장 등을 운영해 수익을 창출한다. 마리날레다의 주민들은 삶의 목표가 경쟁이나 개발이 아니라, 연대와 통합에 있다고 생각한다. 즉, 유토피아는 실천적 노력과 함께 삶에 대한 가치관이 변화하는 것을 통해 실현될 수 있음을 의미한다.

독일 마우엔하임 마을-에너지 자립 마을

이 마을(148가구 430명 거주)은 태양광, 바이오가스, 우드칩 시설을 이용해 전기와 열에너지 등의 자급을 달성한 사례다. 2006년부터 지역의 농산물(옥수수, 곡류, 잡초)과 축산 분뇨를 활용해 전력을 생산(자급)하고, 남는 전력은 주변 지역에 공급하고 있다. 그리고 전력 생산 과정에서 발생하는 열은 마을에 설치된 난방관을 이용해 주민에게 무상으로 공급된다. 에너지 자립 마을은 신재생에너지로 지역난방 체계를 바꾸고자 하는 주민들의 수요에서 출발했다. 주민이 법인을 설립해 에너지 시설 설비사업의 자금을 조달하고 직접 운영한다. 마우엔하임 마을의 성공 사례는 주변으로 확산되면서 인근의 마을을 에너지 자립 마을로 변화시키고 있다.

농촌 이주 희망자에 대한 지원 프로그램 및 주거 모델

일본의 평생 활약 마을

일본 정부의 '평생 활약 마을' 구상은 "도쿄를 비롯한 지역의 노인이 본인의 희망에 따라 지방으로 옮겨 지역 주민 및 다세대와 교류하며 건강하고 활동적인 생활을 영위하면서 필요한 경우 의료·개호(간병)를 받을 수 있는 지역 만들기"란 목표에 따라 추진되었다. 즉, 고령

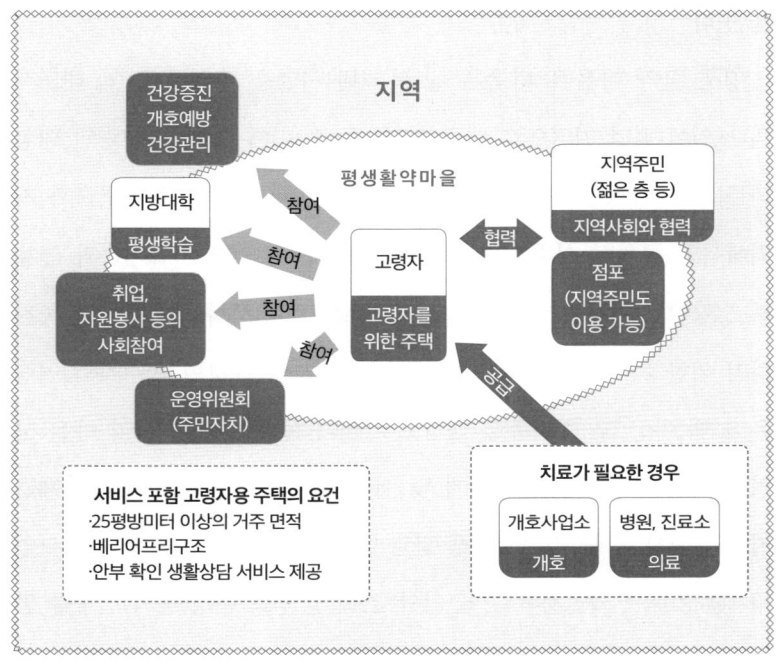

<그림 1> 일본의 평생 활약 마을 개념

인의 버킷리스트 실현과 지방의 과소화 문제의 해결 및 도쿄 지역의 고령화 문제에 대응하기 위한 사업이다.

　이 사업이 기존의 고령 노인을 위한 시설 중심의 사업과 구분되는 점은 다음과 같다. ① 기존의 노인 시설 등은 간호가 필요한 상태의 노인을 대상으로 하는 반면, '평생 활약 마을'은 건강한 노인들이 여생을 보람차게 보내는 것에 초점을 둔다. ② 고령인을 단순히 서비스 수혜자로만 한정하지 않고, 지역사회 활동에 적극적으로 참여하는 주체로 강조한다. 이러한 특징으로 인해 고령인 관련 서비스 시설 및 프로그램 운영과 관련된 지역사회의 주체들과 다양하게 연계·협력하는 개방성을 띤다.

평생 활약 마을은 다음과 같은 지원 사업을 추진한다. ① 대도시의 노인이 희망 지역으로 이주하도록 돕고, 이때 주거 및 고령인 대상의 복지 서비스를 충분히 지원받을 수 있도록 제반 인프라 구축과 지역에서의 통합적 서비스 제공을 지원한다. ② 지역 의료기관과 연계해 고령인의 건강을 지속적으로 관리하고, 지역사회와의 교류를 촉진하기 위한 지자체의 시책을 지원한다. ③ 사업 대상인 입주자의 연령은 50대 이상 중·장년층을 대상으로 한다. 정부는 평생 활약 마을 사업에 대한 전반적인 제도 설계 및 재정 지원을 담당하고, 각 지자체는 지역의 여건 등을 고려해 평생 활약 마을의 기본계획을 수립하고 사업 주체(운영법인), 사업계획 수립, 담당 조직 및 인력 운영 등의 실무를 담당한다.

오카야마현 나기정의 평생 활약 마을 사례

나기정은 인구 유지, 새로운 산업과 일자리 창출, 지방 이주를 위해 평생 활약 마을을 추진하고 있다. 이곳의 사업은 고령자만이 아니라 전 세대를 대상으로 평생 활약이 가능한 기반을 조성하려고 추진된다는 점이 특징이다. 특히 육아 등의 어려움을 고려해 여성의 경력단절 문제를 지원하는 정책에 중점을 두고 있다. 또한 중점 사업으로 지역 내 소소한 일거리를 중개해주는 '일거리 편의점'을 개설하고, 육아 등의 이유로 장시간 정기적으로 일하기 어려운 사람에게는 지역의 다양한 단기 일자리에 희망하는 시간 동안 참여할 수 있도록 중개한다.

일거리 편의점에서는 보육 서비스도 함께 제공해 기혼 여성이 부담 없이 노동에 참여할 수 있도록 지원하고 있다. 자신의 여건에 맞는 일자리를 구득할 수 있다는 점에서 일거리 편의점에 대한 구직자들의 만족도가 높고, 아울러 인력을 탄력적으로 활용할 수 있다는 점에서 고용주의 만족도도 높은 것이 특징이다. 일거리 편의점 사업은 일자리에 대한 주민과 이주민의 수요를 조사하여 기획되었고, 지역 내 폐업한 주유소를 활용해 필요한 공간을 확보했다. 이곳에서는 중개서비스뿐만 아니라, 고령인을 대상으로 간단한 교육 프로그램 등도 운영하고 있다.

효고현 미키시의 평생 활약 마을 사례

고베, 오사카의 배후 주거도시로 개발되었던 미키시는 인구가 감소하고, 특히 고령화율이 높은 미도리가오카 지역을 대상으로 평생 활약 마을 시범사업을 추진하고 있다. 고령 인구의 유출을 방지하고 젊은 세대의 이주를 촉진함으로써 세대간 인구 균형을 개선하고, 이들 사이의 교류를 확대하는 것이 주요한 목표다.

2017년 3월, 민관산학의 협력으로 구성된 사단법인 미키시 평생 활약 마을 추진기구가 출범하고, 민관산학 협력단체인 '교외형 주택단지 라이프스타일 연구회'가 주도해 주민참여형 리빙랩 형태로 이 사업을 운영하고 있다. 연구회는 '생활연구소(리빙랩)'를 운영하면서 지역의 정주 여건 및 생활서비스 개선을 위한 다양한 사회실험을 실행하고 있다. 주민과 전문가, 기업 등이 함께 참여하는 개방형 혁신체계를 구축하고 지역에 적합한 서비스 모델을 개발하고 있는데, 특히 미도리가오카 주택단지를 개발했던 건축회사가 무인자동차 시범 운영 등 주택단지의 정주 여건 개선을 위한 다양한 혁신활동 및 원격의료 서비스와 관련된 시범사업도 추진하고 있다. 이외에도 주민 일자리와 관련해 온라인으로 일자리를 중개하는 회사와 연계하여 주민을 대상으로 일자리 중개 서비스도 제공하고 있다.

일본 빈집은행

일본 지자체에서는 지역으로 이주하길 희망하는 사람에게 적절한 주택을 제공하고자 빈집은행을 운영한다. 일본 정부는 빈집 관련 특별조치법을 시행해 빈집에 관한 실태조사, 데이터베이스 구축, 빈집 대책 등에 관한 사항을 법에 명시하고 있으며, 이에 기반해 지역 활력 제고 등을 목표로 빈집 재생사업을 추진하고 있다. 각 지자체에서는 저출산, 고령화 등으로 증가하는 빈집을 관리하고자 빈집의 위치, 상태, 소유주 등을 조사해 데이터베이스를 구축하고, 소유주가 빈집을 매매, 임대하고자 하면 빈집 정보를 빈집은행에 등록해 중개서비스를 제공한다. 빈집은행은 단순히 빈집의 정보만 제공하는 데 그치는 것이 아니라, 사용이 가능한 주택·건물, 수리한 뒤 사용이 가능한 주택·건물, 일부만 사용이 가능한 건물 등 활용 가능성에 따라 주택을 체계적으로 분류해서 정보를 제공한다. 지자체는 빈집의 소유자와 구입을 원하는 도시민을 연결하는 중개서비스를 전국 단위로 통합해 제공하고, 가격과 면적, 지진으로 인한 흔들림, 침수 가능성, 주변 상업시설, 초등학교 등 생활편의 정보도 함께 제공한다. 일부 지자체의 경우 빈집은행을 통해 빈집을 매각·임대하는 경우 계약시 10만 엔, 5년 이상 임대·매각하는 경우 청소비의 80퍼센트를 보조하는 등의 인센티브를 제공하기도 한다.

전남에서 먼저 살아보기

이 사업은 전남으로 귀농·귀촌을 희망하는 다른 지역의 주민을 대상으로 최장 60일(최소 5일 이상)간 전남의 농어촌에 체류하며 농촌체험이나 견학, 영농·어 교육, 정보 습득 등의 기회를 제공하기 위해 2019년부터 실시되고 있다. 전남의 시·군 지자체를 통해 제반 시설과 운영책임자(사무장)가 있는 마을·농가 등에서 사업의 운영자를 모집했다. 선정된 곳은 2019년 4~7월과 8~11월 2회로 나누어 귀농어촌 사전 체험을 희망하는 도시민의 체류 공간으로 활용된다. 해당 프로그램에 참여하는 마을·농가에게는 프로그램 컨설팅비, 여행자보험 가입비, 운영자 인센티브, 사업 모니터링 비용 등을 지원하고, 참여하는 도시민(총 350팀 모집, 팀당 1~4명)에게는 숙박, 농촌 체험, 견학, 교육 등에 필요한 제반 비용을 지원한다.

경기 화성시 백미리 마을 체류형 주말농장

어촌의 특성을 활용한 도농교류의 일환으로, 경기도 사업을 통해 도시민을 위한 체류형 주말농장이 운영되고 있다. 이곳을 이용하고자 하는 도시민은 일정액의 연간 사용료를 내고 12평의 집과 30평의 밭을 제공받는다. 이외에도 백미리에 귀어를 희망하는 사람을 대상으로 한 체류·체험 공간으로도 사용되고 있다.

백미리 마을은 가장 성공적인 어촌 체험마을 중 하나로, 현재 연간 20만 명의 도시민이 어촌 체험을 위해 방문하고 있다. 마을 주민들은 영어조합법인을 결성·운영하며 마을 단위로 활발한 소득 및 도농교류 사업을 추진하고 있다. 어촌계를 중심으로 마을 주민이 공동으로 참여하는 경제활동 및 자율관리 어업공동체를 운영해 수산자원의 지속 가능한 생산 기반을 구축하고자 노력했다. 그 결과 어촌계원도 지속적으로 증가해 10년 전 55명이던 계원이 2018년 124명으로 늘었다. 2016년 수산물 가공 등을 목적으로 20명의 지역 주민이 참여하는 '백미리 자율공동체 영어조합법인'도 설립해, 2018년 약 16억 원의 매출을 달성했다.

일본 효고현 다자연거주 사업 및 체류형 시민농원

일본 효고현은 도시민의 다양한 라이프스타일 및 농촌 주거 수요를 반영해, 2005년부터 퇴직하는 '단카이(團塊) 세대'를 대상으로 농촌 주거와 체류를 위한 거점시설을 구축하는 지원 사업을 실시했다. 그 일환으로 매년 1개소의 다자연거주 거점시설을 구축했다. 크게 세 가지 유형이 있다. 먼저 2지역 거주형으로, 주말 체류를 목적으로 한 유형(5도2촌)이다. 다음으로 정주형은 도시통근형과 재택근무형, 은퇴·연금 생활형, 고향취업형 등이 있다. 마지막으로 영주(永住)형은 지역사회의 일원으로 기존 마을에 귀농·귀촌하는 유형이다.

또한 다자연거주 사업의 일환으로 농산촌을 활성화할 목적에서, 도농 2지역 거주를 희망하는 도시민을 대상으로 주택, 텃밭, 공동농원, 교류시설 등이 갖추어진 체류형 시민농원을 조성해 운영하고 있다. 이 시설의 운영·관리는 인근 마을 공동체에서 담당하고, 입주자들의 커뮤니티 형성을 지원하며, 기존 마을 주민과의 교류 프로그램을 운영한다.

러시아 다차 주말농장

'다차(Dacha)'는 통나무로 지은 집과 텃밭이 딸린 주말농장을 의미하는데, 러시아에서는 금요일 저녁부터 일요일까지 2박 3일간 머무르며 농사와 휴식을 위한 공간으로 이용된다. 러시아는 도시민의 약 50퍼센트 정도가 이러한 다차를 소유하고 있다. 다차는 일반적으로 자동차로 1~2시간 걸리는 거리(도심으로부터 100~200킬로미터)에 위치한다. 이곳은 농사와 휴식 이외에도 결혼과 취업 등의 이유로 분가한 가족이 주말에 모여 생활하는 장소로도 기능한다. 러시아에서는 다차 단지를 조성하기도 하고, 동일 직업군을 대상으로 한 단지도 운영된다.

주민이 희망하는 농촌 유토피아 구상: 충남 홍성군 사례

농촌 주민의 농촌 유토피아 구상 개요

농촌의 사회혁신은 행정가, 전문가의 해법으로만 이루어지지 않으며, 지역마다 처한 상황과 지역 문제의 특성, 가용자원은 각양각색이다. 따라서 농촌 유토피아의 구상 단계에서부터 지역별 여건과 자원을 고려해 정책 수요를 파악하고, 다양한 주체의 사회적 합의와 공동학습, 연계 활동을 촉진할 수 있는 새로운 틀을 짜야 한다. 즉, 주민 스스로 지역의 미래상을 합의하고 그에 도달하기 위한 과제를 도출해, 다양한 주체의 참여와 협력을 끌어낼 수 있을 때 총체적이고도 일상적인 전환이 이루어질 수 있다.

농촌 유토피아는 장기적으로 농촌 내·외부의 역량을 결집하고, 국민 삶의 질과 행복 향상을 위한 서비스 공간으로 농촌을 대전환시키는 것을 목표로 하기에 새로운 관점과 도구가 요구된다. 이를 위해 백캐스팅(backcasting) 방법을 활용하여 홍성군 홍동면과 장곡면을 사례로 지역 주민이 생각하는 살기 좋은 농촌 마을에 대한 미래상을 도출하고, 그를 실현하기 위한 조건과 실천 과제를 모색했다. 백캐스팅은 미래상을 바탕으로 현재 무엇을 해야 하며 어떤 기술과 제도가 필요한가를 탐색해 나가는 규범적·전략적 미래 계획 기법이다(송위진 외 2011). 즉, 백캐스팅은 '미래 시점에서 바람직한 목표의 달성을 위해 현재의 수단을 역으로 도출'하는 방법이다. 먼저 아무런 제약 조건 없이 미래의 청사진을 그리고, 그 목표를 달성하기 위한 다양한 수단과 정책을 강구한다. 과학적 타당성을 입증하기보다는 새로운 아이디어를 발견하는 창조적 과정으로, 규범적이고 장기적인 문제 해결에 적합한 방법이다. 이 때문에 백캐스팅 방법은 다양한 주체의 참여와 거버넌스의 추진이 유리하다. '무엇이 문제이며 누가 문제를 가지고 있는지, 가능한 해결 방안과 방침은 무엇이며 다른 이해 주체는 이를 어떻게 인식하고 있는지 등을 파악하기 위해 자신의 영역을 넘어선 통찰력과 개방성'이 필요하기 때문이다(송위진 외 2011).

충남 홍성군 홍동면과 장곡면을 사례 지역으로 2040년의 바람직한 모습에 대한 주민들의 의견을 조사한 뒤, 농촌 유토피아의 미래상과 주민 수요 및 그에 따른 과제를 도출했다. 20년 후라는 시간 범위를 설정한 건 빠르게 변화하는 현대 사회에서 인과성을 면밀하게 따지거나, 예측 결과에 대한 책임을 느끼지 않고 지역의 변화를 비교적 자유롭게 상상할 수 있기 때문이다. 홍동면과 장곡면이라는 공간적 범위는 행정구역이나 대상 인구를 엄밀하게 구분하기보다는 '조직화된 집단이나 다양한 전문적 이해관계에 있는 장들의 연계를 만들어내고 유지하는 상호작용이 일어나는 지역사회의 장(Wilkinson 1991; 김정섭 2019에서 재인용)이라는 차원에서 설정했다. 이러한 시간과 공간 설정에 따라 지역 주민과의 면담 및 전문가 협의회 등을 개최해 지역 주민이 그리는 '살기 좋은 농촌 마을'의 미래상을 도출하고, 홍동면과 장곡면의 유토피아 구상과 지역 핵심의제 및 관련 지역 자원, 농촌 유토피아를 실현하기 위한 정책 방향과 과제 등을 도출했다.

사례 지역인 충남 홍성군의 홍동면과 장곡면은 전형적인 농촌지역이다. 홍동면은 농지(42.0퍼센트)가 임야(43.2퍼센트) 면적과 비슷한 반면, 장곡은 농지(28.4퍼센트) 면적이 작고 임야(58.0퍼센트)가 많다. 홍동면은 14개 법정리, 33개 행정리, 96개 자연마을이 있고, 장곡면은 16개 법정리, 32개 행정리, 75의 자연마을이 있다. 대부분 자연발생적 취락으로 큰 산이나 너른 들이 없는 비산비야(非山非野) 지형 때문에 마을은 산재하는 형태를 띤다.

두 지역은 모두 다른 곳과 마찬가지로 지속적으로 인구가 감소하다가 최근 귀농·귀촌으로 인해 인구가 증가하고 있는데, 홍동면은 귀농·귀촌 인구가 많아 새로운 인구가 꾸준히 유입되는 반면, 장곡면은 자연적 인구 감소로 조금씩 인구가 줄고 있다. 2018년 기준 인구는 홍동면이 3493명, 장곡면이 3032명이다. 홍동면은 전체 1611세대 중 농가가 941세대(58.4퍼센트), 장곡면은 전체 1597세대 중 790세대(49.5퍼센트)로 전통적인 농업 지역이다. 저수지와 하천이 발달해 벼농사가 주업이다. 홍동면은 면 단위 지역 중 농가 세대수가 가장 많으며, 특히 전업농이 601세대로 홍성군 11개 읍·면 중 가장 많다.

홍동면과 장곡면은 한국의 농업·농촌이 겪는 위기를 겪어왔지만, 그 위기에 다른 곳과는 조금 다른 방식으로 대응해왔다. 1958년 홍동면

행정구역		총인구 (명)	총면적 (km²)	논 (km²)	밭 (km²)	임야 (km²)	대지 (km²)
홍성군	3개 읍 8개 면	101,037	442.87	59.55	97.72	194.95	17.51
홍동면	14개 법정리 33개 행정리 96개 자연마을	3,508	36.26	6.61 (18.2%)	8.63 (23.8%)	15.68 (43.2%)	1.13 (3.1%)
장곡면	16개 법정리 32개 행정리 75개 자연마을	3,019	54.92	5.33 (9.7%)	10.29 (18.7%)	31.68 (58.0%)	1.31 (2.4%)

<표 27> 홍성군·홍동면·장곡면 행정구역 및 토지 이용

	1960	1970	1980	1990	2000	2010	2015	2016	2017	2018
홍동면	15,317	13,984	11,722	6,279	4,498	3,475	3,481	3,481	3,493	3,493
장곡면	13,992	12,712	9,960	6,454	4,359	3,115	3,155	3,130	3,066	3,032

<표 28> 홍성군·홍동면·장곡면 인구변화 추이

팔괘리에 개교한 풀무학교는 평안북도 정주의 오산학교와 용동의 이상촌 건설 운동의 영향을 받았다.* 풀무학교에서는 '위대한 평민'**을 교훈으로 삼아, 결국엔 도시로 떠나는 엘리트 교육, 출세 교육이 아니라 지역 일꾼을 기르는 실력 교육, 인성 교육을 강조했다. 이에 따라 학교 안에서 교사와 학생이 함께 협동조합을 조직하고 농사를 지었다. 지역 주민들은 풀무학교에서 배운 대로 때마다 조합을 조직해 마을의

---

* 풀무학교 설립자의 한 사람인 이찬갑(1904~1974)은 평북 정주 출신으로 오산학교를 세운 남강 이승훈의 조카손자다. 오산소학교를 졸업하고 오산중학교를 중퇴했다. 오산학교가 있던 용동에서 소비조합, 양계조합 일을 맡아 하고 과수원을 직접 운영하며 청년회 사업을 이끄는 등 용동 이상촌 건설 운동의 중심에 있었다(백승종 2002). 덴마크 그룬트비(Grundtvig)의 영향을 받아 일찍이 농촌 교육에 뜻을 두고, 해방 후 월남하여 1958년 주옥로와 함께 풀무학교를 설립했다.

** 풀무학교 설립 당시 교훈이 '위대한 평민'이었고, 이후 '더불어 사는 평민'으로 바뀌었다.

문제와 필요를 스스로 해결하려고 노력했다. 1969년 학교에서 시작한 풀무신협과 1959년 시작한 교내 소비조합을 모태로 1980년 지역에서 창립한 풀무생활협동조합이 그 대표적인 예다. 홍동면에는 현재 60여 개의 작고 다양한 여러 주민조직이 활발히 활동하고 있다. 1970년대 중반부터 일찍이 유기농업을 시작해서 2000년대에는 100만 평 이상의 유기농업 단지를 조성하고, 2013년 전국 최초로 유기농업 특구로 지정되었다. 1980년 문을 연 갓골어린이집부터 초중고등학교, 마을대학과 도서관까지 있어 나이와 상관없이 지역에서 계속 배울 수 있으며, 마을이 학교가 되어 지역의 농민과 일꾼을 길러낸다.

장곡면에서도 새로운 활동이 펼쳐지고 있다. 협동조합 농장에서는 귀농 청년을 교육하고, 장애인과 비장애인이 함께 일한다. 장곡초등학교 학생들은 마을 곳곳에서 이웃 어른에게 다양한 활동을 배우고, 많은 도시의 청년·청소년이 새로운 삶의 경로를 탐색하기 위해서 농촌 마을과 농장을 찾아온다. 주민들이 협력해 농업 환경과 마을 경관을 가꾸면서 함께 만나는 일이 많아졌다. 이렇듯 오래전부터 이상촌을 꿈꾸며 '더불어 사는 마을'을 만들기 위해 지역 주민 스스로 여러 집합적 실천을 펼쳐온 충남 홍성군 홍동면과 장곡면은 농촌 유토피아, 즉 이상향과 현실과의 괴리가 비교적 크지 않은 농촌지역이라고 할 수 있다. 특히 지역사회 조직화 과정과 농업·농촌 문제를 해결하기 위한 자발적 실천 경험은 그 성패를 떠나 농촌 유토피아의 과제를 구체화할 때 참고가 될 수 있다.

지역 주민이 그리는 농촌 유토피아

2018년 7월 20일, 홍동중학교에서 개최된 '2018 홍동주민 원탁회의(이하 원탁회의)'에서 '현재 지역의 모습'과 '내가 바라는 지역의 모습' '살고 싶은 지역을 위해 해야 할 일'에 대해 조사했다. 이 원탁회의에는 홍동면 주민과 홍동면 소재 기관단체장, 민간단체 실무자, 주민자치위원, 아동·청소년 등 모두 162명이 참여했다. 참가자 성별은 남성 107명(66퍼센트), 여성 55명(34퍼센트)이었고, 32개 자연마을에서 각각 1~17명이 고루 참여했다. 참가자들은 8~10명씩 18개 조로 나뉘어 조마다 퍼실리테이터의 도움으로 원탁회의를 진행했다. 원탁회의의 결과는 〈표 29〉와 같다. 다른 농촌지역에 비해 귀농·귀촌인과 젊은이가 많은 점 등이 현재 지역의 특징으로 인지되고 있는 한편, 귀농인과 원주민 사이의 소통 부족과 갈등에 대한 불만도 드러났다. 또한 농촌답게 농업과 환경에 대한 의견이 가장 많았는데, 유기농업의 메카, 친환경농업 역사에 대한 자부심이 강했다. 그리고 축사로 인한 악취와 하천 오염, 쓰레기 등 각종 환경문제에 대한 해결 요구가 있음을 알 수 있다.

지역 주민이 생각하는 이상적인 미래의 모습, 즉 농촌 유토피아의 모습에서는 환경에 대한 요구가 가장 높았다. '깨끗한 물과 공기(냄새)'는 표현만 다를 뿐 모든 조에서 반복해서 등장했다. 또, 주민 화합이나 소통, 신뢰에 대한 요구도 높았다. 특히 선주민과 후주민 간 갈등 해소, 소통에 대한 바람이 많았다. 반면, 농업 환경이나 방식, 소득에 대한 의견, 경제적 요구는 비교적 적었다.

주제	긍정적 답변 (답변수)	부정적 이미지
사람	젊은 사람, 아이들이 많다 (12) 귀농·귀촌인이 많다 모든 나이대의 사람들이 산다 인재가 많다 면장이 젊다	노인이 많다 인구가 줄고 있다
농업/환경	유기농의 메카, 친환경농업 (16) 오리농법 최초, 여러 가지 농법이 있다 축산면, 가축 키우기 좋다 생태가 살아있다, 황새가 모인다 산이 아름답다 먹거리가 건강하다	환경이 좋지 않다 축사 냄새가 많이 난다 (10) 미세먼지가 심하다 물이 더럽다 나무그늘이 적다 쓰레기 문제로 골치가 아프다
화합/갈등	인심이 좋다 작고 다양한 모임과 기관이 많다 한우물 다양하다	오합지졸, 포화상태, 잡탕권력 소통부재, 갈등, 정의가 헷갈린다 조용했으면 좋겠다, 귀농인과 원주민간 소통이 부족하다 (5) 귀농인이 마을일에 참여했으면 좋겠다
생활/교육	교육환경-마을교육공동체, 공부모임 등 (8) 아이들이 자라기 좋다 아이의 자율성이 존중받는 곳이다 편의점이 생겨서 좋다 땅값이 싸다, 홍성읍, 기차역과 가깝다 정치 일번지, 고양이 마을	교통이 불편하다 낙후됐다 큰 병원이 없다
분위기	대안적 실험의 장이다 끊임없이 움직인다, 부지런하다 에너지와 성장, 무한한 가능성이 있다 약속의 땅, 따뜻하고 희망찬 둥지다 아름답다, 살기 좋다, 활기차다	화장실이다 고생스럽다

<표 29> 현재 홍동의 모습에 대한 주민 답변

주제	의견
환경	냄새, 환경, 나무, 숲, 물, 저수지, 친환경, 화합, 경치, 소나무, 유리 없이 맨발로 걷는, 공기 좋고 물이 좋은 환경, 오폐수 처리, 깨끗해서 찾아오는, 시골냄새, 꽃길이 밝은, 농약을 안치는, 오염되지 않은 홍동, 홍동천, 축사 인허가, 유해동물 피해 방지, 관행농 벼 수매 및 RPC, 쓰레기 처리, 공원화, 파란하늘, 안전한 먹거리, 태양광 반대, 청정지역, 예쁜 마을, 꽃향기, 자연을 지키는 마을, 공유재 보호, 아름다운 정원, 멱감기
화합	있는 그대로 생각과 나이 차이 존중, 원주민과 귀농인 간의 협력, 재미있고 멋진 어우러지는 마을, 나눔의 실천, 풍요로움, 다양성, 단체 사이 소통, 젊은이와 어른이 함께 큰그림그리기, 나를 낮추고 남을 높이는, 다함께 참여하는 축제, 다양한 의견 포용, 마을공동체 소통 인정이 많은, 가족, 한울타리, 공동체, 소외되지 않고 누구나 행복한 마을, 신뢰가 있는 마을, 선주민-후주민간 연결고리, 마을기관주민의 팀플레이, 상호존중, 마을소식지, 원탁회의 지속
교육	아이들이 살기 좋은, 아이들이 지역에 남는 것이 출세가 되는 마을, 아이들이 많은 곳, 젊은이들이 찾아오는, 마을교육활성화, 아이들이 안전하게 뛰어노는
복지	어려서부터 나이들어서까지, 의료생협 시설(100세 시대), 나이, 질병과 관계없이 접근성이 높은, 삶의 질 건강, 장애인, 치매노인도 어울려 살기 좋은 마을, 건강한 마을, 요양원이 있는, 지역아동센터, 전세대 돌봄
생활/경제	교통편의, 넓은 길, 시장이 있는, 쉼-삶의 여유, 여름축제, 여가 공간, 개인의 욕구가 충족, 공간, 편안, 참여, 분수대, 맛있고 다양한 먹거리, 자전거 도로, 애향공원 정원화, 버스승강장, 면소재지 교통, 체육공원, 안전한 길, 보행로, 워라벨 정착, 마을경제 활성화, 도로 반사경 설치, 유기농 생산물 가격 동일
기타	비전이 있는, 찾아오는, 희망, 젊은이들이 돌아오는, 자신의 속도 인정되는 분위기, 전통주, 종합예술, 책임지는 마을, 도시 사람들의 본보기, 자유, 함께 성장, 멋진 인상, 균등한 기회와 공정한 결과, 여행객이 찾아오는, 조용하고 편안한 마을

<표 30> 내가 살고 싶은 홍동의 모습에 대한 주민 답변

바람직한 지역을 만들기 위해 우선적으로 해야 할 일에 대한 질문에 대해서는 축사 악취 해결, 홍동천 정화, 쓰레기 분리수거 등 환경문제가 최우선으로 꼽혔다. 두 번째 과제는 기초생활 서비스 및 정주환경 개선, 특히 교통 편의와 안전에 대한 요구가 높았다. 세 번째로는 여

러 세대를 돌보는 농촌형 복지시설의 건립 및 운영 요구가 꼽혔다. 농업 부문에서는 고령화로 인한 농작업 대행 및 협업, 농로 정비 등 농업 환경과 자원의 공동 관리에 대한 요구가 있었다. 한편 농산물 가격, 유통 안정이나 농가 소득 증대 등 일반적으로 생각하는 농업 정책에 대한 요구는 드러나지 않았다.

구분	내용	순위(득표수)
환경	축사 악취 개선 홍동천 정화 농협축산퇴비공장 이전 및 시설교체 하천 정비 대규모 반생태 사업 반대 (축산, 태양광 등) 쓰레기 분리수거 마을/홍동천 쓰레기 문제 해결 인력 지원 석면 물질(지붕) 제거 꽃길 조성 비닐 농약병 수거 하수 처리	1 (270)
기초생활 서비스	교통 편의 (마을버스) 도로 커브길 반사경 설치 상수도 수도관 도로 재포장 교통 안전 (횡단보도 설치, 통학버스 안전 장치) 방범카메라 확충 (마을당 2~3개) 안전한 보행로 애향공원-면사무소 잇는 다리 설치	2 (165)
복지	노인복지시설 (주간보호센터, 요양센터) 실버카페 아동, 청소년, 노인 복지센터 건립	3 (104)
농업/경제	농업 지원 (농작업대행, 병충해 방제, 농로 주변 정리) 일반벼 RPC 신축 친환경 농산물 가공시설 마을경제 활성화	4 (88)
기타	정기적 원탁회의 개최 (마을>면) 길고양이 보호	5 (38)

<표 31> 살고 싶은 홍동을 만들기 위해 우선 할 일에 대한 주민 답변

홍동 주민이 직접 말하다

홍동 주민과의 면담은 15명의 주민을 대상으로 2019년 6월 15일부터 21일까지 총 7회에 걸쳐 진행되었다. 농업, 보건, 복지, 교육, 환경 등 영역별 관련 지역단체 대표 및 실무자 중심으로 면담을 요청해, 개인별 또는 조직·모임 구성원이 2~6명의 그룹으로 진행되었다. 면담자 15명 중 남성은 10명, 여성은 5명이고, 연령대는 20대 2명, 30대 2명, 40대 3명, 50대 6명, 60대 1명, 70대 1명으로 각 세대가 고르게 분포된 편이었다. 50대가 다소 많은 건 그 연령대가 주로 단체장이나 관리자 역할을 하고 있기 때문이다. 농업인은 6명인데, 가족 구성원이 농업에 종사해 가끔 일손을 돕거나 텃밭 농사를 짓는 사람은 포함하지 않았다.

원탁회의와 면담 조사의 결과, 주민들이 생각하는 농촌 유토피아를 구상하는 전제로 '농촌다움'이 제시되었다. 이 지역의 주민들은 농업 규모화나 투자 유치, 보조 사업, 기술 발전 등을 통한 문제 해결은 별로 바라지 않았다. 그러한 개발로 돌아오는 이익은 지역에 고루 나뉘지 않고 특정 개인이나 그룹, 마을에 집중되어 오히려 갈등의 소지가 된다는 것을 이미 경험한 결과이다. 그렇기 때문에 적어도 지역의 미래를 논하는 공공의 장에서는 지역 개발사업이나 소득안정 방안이 아니라 농업의 지속 가능성과 농촌의 공동체성 유지에 관해 논의되었다. 또한 오랫동안 고생하며 농업과 마을을 지켜온 어른들이 여생을 지역에서 행복하게 보내기를 바랐고, 여러 가지 환경, 복지, 교육, 생활 문제를 풀어나가는 중심에는 농업 환경과 농민이 고려되었다. 특히 문제 해

회차	면담일	면담자			
1	6/15	A	60대 / 남	마을단체 대표, 농업 교육	농업
		B	70대 / 남	지역언론 기자	
2	6/16	C	40대 / 남	의료생협 의사	
3	6/16	D	50대 / 남	장곡면장	
4		E	40대 / 남	장곡농협 조합장	농업
		F	50대 / 여	장곡농협 임직원	
		G	50대 / 남	장곡농협 임직원	
5	6/16	H	20대 / 남	지역 활동_농업교육, 연구	
		I	20대 / 남	지역활동_문화	농업
		J	30대 / 여	가사, 지역활동_교육	
		K	50대 / 여	지역활동_농업단체, 교육	농업
		L	40대 / 남	농업단체 실무자	농업
		M	50대 / 여	지역활동_교육, 복지	
6	6/21	N	30대 / 여	환경단체 실무자	
7	6/21	O	50대 / 남	홍동농협 조합장	농업

<표 32> 주민 면담조사 개요

결의 과정은 시장이나 정부에 맡기는 방식이 아니라, 주민이 주도적으로 계획하고 실행하며 공동으로 관리·운영해야 지역 실정에 맞고 효율적으로 작동한다는 걸 알고 있었다. 인프라나 자본의 마련은 정부와 협력해야겠지만, 농업과 마을을 가꾸고 돌보는 등 후속 세대를 키우고 맞이할 준비는 주민의 몫이라는 것을 인지하고 있었다.

농촌 유토피아 구상 실현을 위한 부문별 과제

먼저 면담 조사를 통해 수집한 홍동면·장곡면 지역 주민의 의견을 환경, 농업, 보건·복지·교육·문화, 정주 생활기반 영역으로 분류하고 지역의 핵심의제를 도출했다. 핵심의제는 이 지역의 특성이 반영된 구체적인 당면과제이면서도 다른 농촌지역에도 일반적으로 나타날 수 있는 문제로 선정했다. 그런 다음 핵심의제와 관련된 지역 현황과 경험을 정리하고, 핵심의제와 관련 요소간 관계망을 통해서 목표와 과제의 논리적 연관을 밝혔다. 관계도는 다양한 농촌 사회의 구성을 고려한 경제·사회·문화·환경 측면을 포괄하는 접근을 시사한다. 마지막으로는 지역에서 농촌 유토피아를 실현하기 위해 실천할 수 있는 세부 과제를 제시했다. 이러한 과정을 거쳐, 홍동면·장곡면 지역 주민이 농촌 유토피아의 실현을 위해 가장 중요하게 생각하는 과제는 환경 관련 의제인 것으로 나타났다. 환경 분야의 핵심의제로는 홍동천 살리기, 축산과 환경의 공존, 에너지 자립, 마을 경관 가꾸기 등이 제시되었고, 그에 따른 세부 과제는 〈그림 2〉와 같다.

다음으로 농업 부문의 과제는 지역 주민 모두 농업과 관련해 농업 생산성의 향상이나 생산 규모의 확대 같은 양적 목표 대신, 지역 농업의 지속 가능성 확보를 중요한 과제로 제시했다. 핵심의제로는 다기능 농업, 후계농민 육성, 마을공동체 농업을 제시하고, 세부 과제는 〈그림 3〉과 같다.

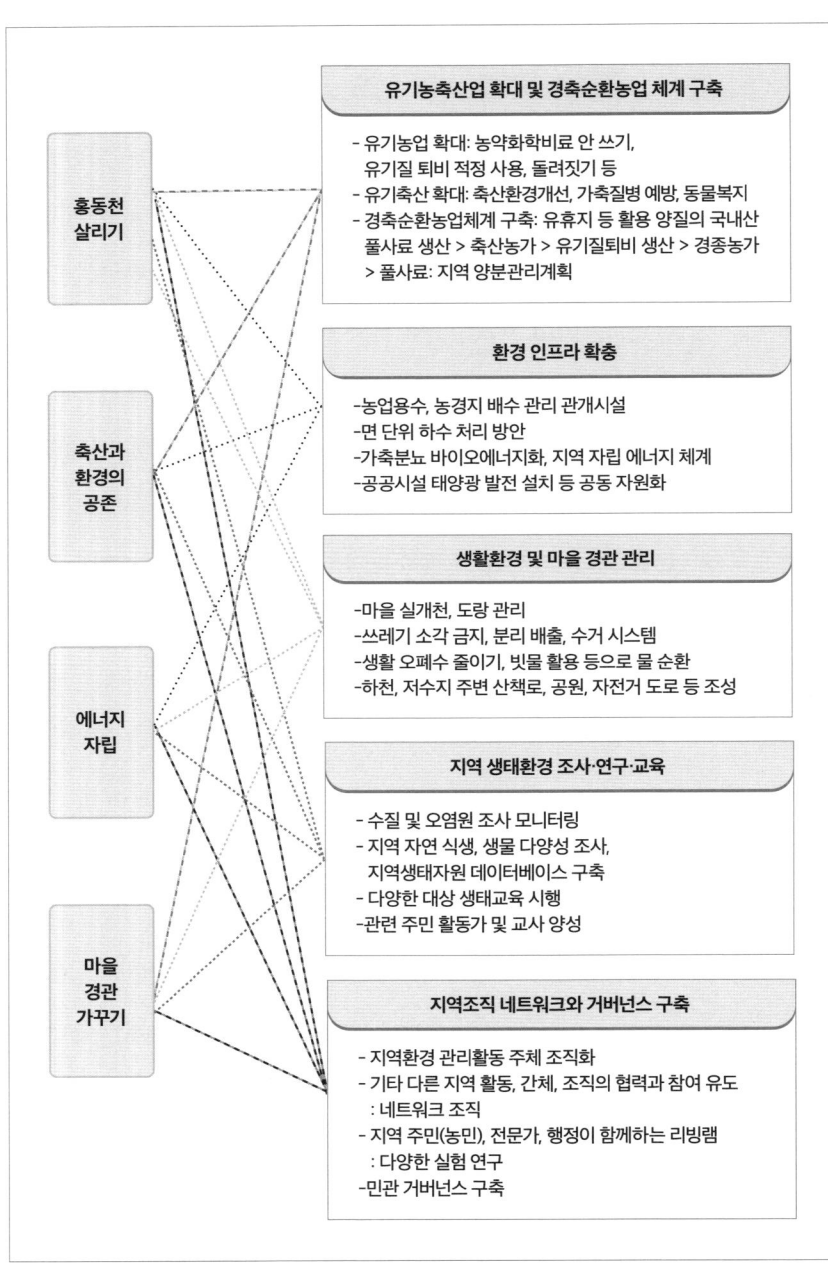

<그림 2> 환경 부문 세부 과제

홍동면과 장곡면도 고령화와 인구 감소로 인해 다른 농촌지역과 마찬가지로 보건·복지, 교육·문화 서비스의 불편함이 증가하고 있는 상황이다. 이 분야에 대한 주민의 요구를 정리해서 면 단위 보건의료 복지 통합 체계 구축, 온마을 배움터 조성, 농촌 문화 플랫폼이란 핵심 의제를 도출했다. 세부 과제는 〈그림 4〉와 같다.

정주 생활기반 부문의 과제와 관련된 수요는 지역(면)에 있으면 좋을 여러 가지 공공·상업 서비스와 그에 대한 접근성 확보, 이동 편의 증진에 대한 비중이 높게 나타났다. 핵심의제로 생활서비스 편의와 농촌형 교통서비스가 선정되었고, 세부 과제는 〈그림 5〉와 같다.

이상을 종합하여 지역 주민이 희망하는 농촌 유토피아의 구상이 시사하는 바를 살펴볼 수 있다. 무엇보다 농촌 유토피아 구상은 농촌 마을이 직면한 여러 문제를 푸는 새로운 방식이란 의미가 있다. 마을 활동과 농업 현장에서 경험적으로 전수되는 학습과 협동, 조직의 문화는 지역의 큰 자산이 된다. 하지만 일정 부분에서, 특히 환경이나 농업 같이 그 문제가 다루는 범위가 넓고 장기적일 때는 지역 경험의 한계가 나타나 개별 조직이나 지역의 실천으로 접근하기에는 역부족이다. 이럴 때는 민과 관, 지역과 지역, 정부 부처 간, 또는 국가 사이의 합의와 공조가 요구되기도 하며, 그때에도 '농촌 유토피아 구상'이 필요할 것이다. 각 단위에서의 기획을 염두에 두고 정책 방향과 과제를 유연하게 통합하고 조정해야 한다. 그리고 지역을 기반으로 한 교육, 마을 단위의 주민 주도 활동의 조직, 지역 네트워크 구축이 거의 모든 분야의 세부 과제에서 거듭 강조되는 걸 볼 수 있다. 이런 관점에서, 농촌 유토

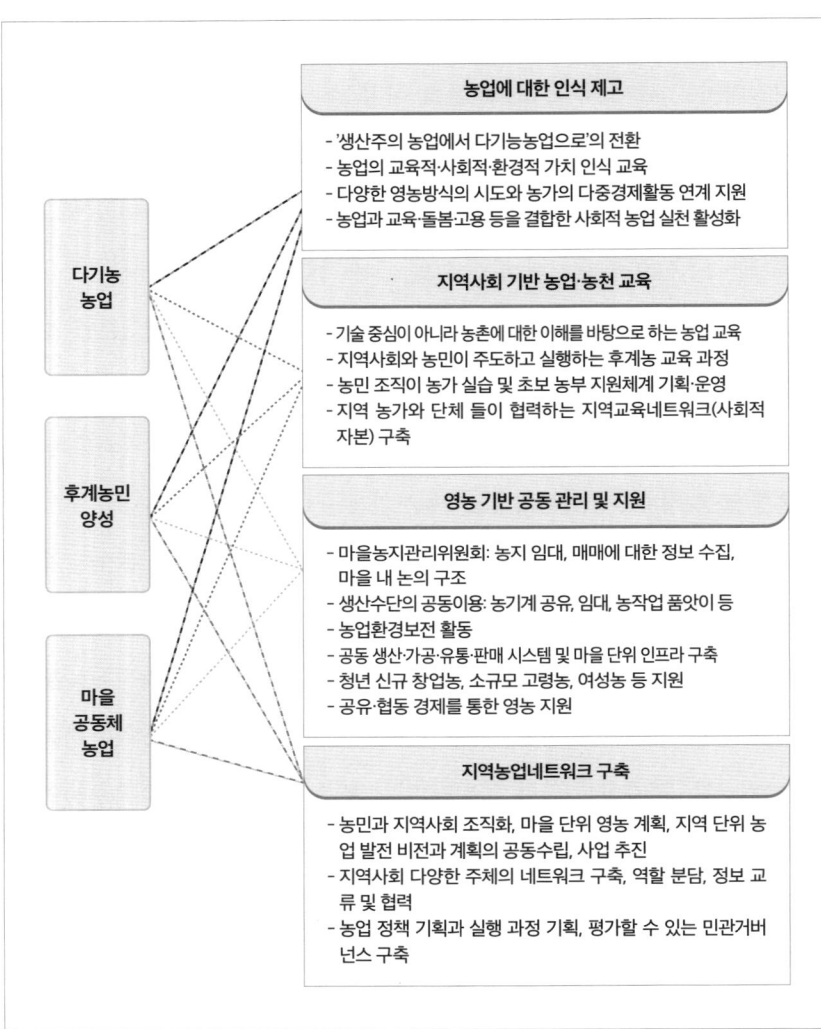

<그림 3> 농업 부문 세부 과제

면 단위 보건의료 복지 통합 체계

농촌형 통합 건강돌봄센터 운영

- 보건지소+체육센터+종합복지관+어린이집+노인센터 → 세대-대상 통합 돌봄
- 주민운영위원+공공서비스+행정관리 및 지원 → 거버넌스 구축
- 면 단위 보건지소 기능 강화: 주치의제도, 전문의·간호사 등 인력확보, 지역복지와 결합한 방문 진료 확대, 상위의료기관 연계시스템 구축 등
- 생활건강 증진: 농민체력단련, 건강강좌, 생활체육, 운동모임 등
- 지역복지: 지원프로그램+돌봄 품앗이 연계
- 노인: 수요별 돌봄계획-재가복지(방문진료, 생활지원, 마을돌봄연계)/주간돌봄(교육문화활동, 마을일터)/요양원
- 장애인: 의료지원, 활동지원, 주간돌봄, 직업자활지원 등
- 보육: 공동육아, 방과후돌봄, 마을교육체험

온마을 배움터 조성

마을 단위 돌봄지원체계 구축 및 주체 양성

- 마을 돌봄 주체 조직: 주민 조직, 마을형 일자리
- 공동급식, 공동냉난방주거, 공동텃밭, 생활지원, 심부름 대행, 돌봄 품앗이 등
- 돌봄 대상 사례 관리 및 마을 돌봄지원 조사, 관리, 조직
- 면 단위 농촌형 통합 건강돌봄센터 논의 체계(운영위 등 참여, 정보 공유, 공동학습, 지원연계, 거버넌스 구축 등

마을교육네트워크 구축

- 지역 학교, 주민, 농민, 농장 사업장, 단체 > 지역교육네트워크 참여
- 마을 주민교사 양성: 교육 기획 및 진행 능력+전문영역 > 마을학교, 문화복지프로그램, 직업 교육, 인턴십, 창업 지도 등 활동 연계
- 네트워크 실무 역할: 마을과 학교, 단체, 행정의 연결, 지역 교육 수요와 자원의 연결, 지역 교육 사업의 기획 및 실행, 타지역, 영역 연계협력 지원
- 마을 문제에 대응 공동학습, 연구, 실험 등(리빙랩) >자치역량 강화

농촌문화 플랫폼

마을 내 유휴공간 활용 복합문화공간 조성

- 마을 내 빈집, 창고 등 유휴공간 활용
- 지역예술가 레지던시, 창작활동공간, 공연장, 전시장, 판매장 역할
- 마을 내 문화예술, 미디어 창작 강좌, 활동 > 지역 콘텐츠 연계
- 마을 출판사, 마을 극장, 마을 여행사, 마을 공방, 마을 신문, 마을 방송 등등
- 지역 콘텐츠 발굴 > 브랜드, 상품 개발 > 판매 > 창업
- 교육복지 분야 프로그램, 인턴십 창업 활동 연계

<그림 4> 보건·복지·교육·문화 부문 세부 과제

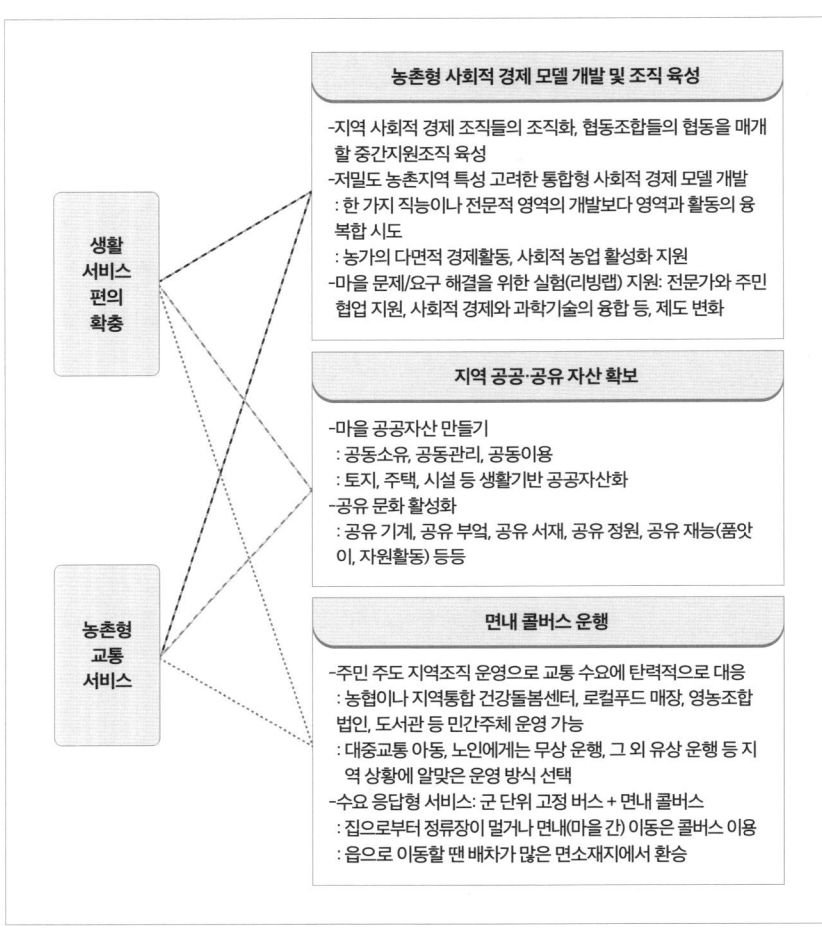

<그림 5> 정주생활기반 부문 세부 과제

피아를 실현하기 위해서는 다음과 같이 농촌 정책의 전환이 필요하다.

첫째, 정책 사업 주체의 변화와 권한의 이양이 필요하다. 지역 주민에게 정책 사업을 기획하고 예산을 집행할 권한이 있어야 효율적이고 지속적으로 사업이 추진될 수 있다. 지금까지 자치분권은 시·군까지만 내려오고 읍·면 단위는 의사결정 권한을 갖지 못했다. 홍동면과 장곡면의 경우 여러 실험이 있었지만, 그 실천이 지속되도록 지역의 자원을 조직할 권한이 없어 사라진 활동도 많았다. 최근 논의되고 있는 면장 공모제, 주민자치회 전환 등이 하나의 방안이 될 수 있다.

둘째, 사업 기획과 실행 방식의 틀을 바꿔야 한다. 지역의 필요로 만들어져 잘 진행되던 일도 정책 사업으로 바뀌면 행정의 칸막이와 지침에 막혀 애초 의도와 다르게 흘러가는 일이 비일비재하다. 정책 사업의 기획과 실행에서 행정 편의와 관례가 최우선 기준이 되는 일은 사라져야 한다. 농업과 농촌 문제는 그 층위와 내용이 복잡하게 얽혀 있기 때문에 통합적이고 단계적으로 접근할 수밖에 없다. 개별 사업으로 보조하고 실행하는 방식으로는 불가능하다. 지역에서 합의된 비전을 세우고 구체적인 계획을 수립하면, 행정에서는 예산을 포괄적으로 보조하고 지역에서 자율적으로 사업을 진행할 수 있도록 해야 한다. 주민참여예산제도를 강화하거나 농촌 신활력 플러스 사업처럼 장기적 포괄보조 사업을 만들어 지역 주민이 직접 정책을 기획하고 실행할 수 있도록 지원해야 한다.

셋째, 농촌의 공간과 인프라를 고려해야 한다. 행정 구역이나 이미 실행된 정책 사업 단위가 아니라 지역의 다양한 상황과 정책 목표에 맞는 공간 범위를 설정하고 자원을 배치해야 한다. 행정구역이 아닌 수계를 중심으로 농업환경보전 사업을 기획한다거나 일반농산어촌개발 권역단위 사업으로 마련한 인프라를 마을교육공동체 사업으로 활용한 사례를 예로 들 수 있다. 주민 주도의 계획적 공간 관리로 지역 자원을 효율적으로 활용하고 난개발을 막을 수 있다.

마지막으로 정책 방향의 전환에 호응해 이를 실행할 미래 농촌의 주체와 조직을 양성하는 일이다. 지역사회에서 일하고 공부하며 자연과 이웃, 마을과 '더불어 사는 평민'을 어떻게 기를 것인가가 농촌 유토피아 구상의 핵심과제가 될 수밖에 없다.

이 글의 홍성군 사례는 마을연구소 일소공도에서 추진한 위탁원고를 바탕으로 정리했다(신소희 2019).

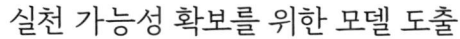

실천 가능성 확보를 위한 모델 도출

　농촌의 사회혁신 사례와 홍성군을 대상으로 한 조사 결과는 공통적으로 개인의 삶의 질 향상과 지역 활성화라는 공동의 목표를 달성하는 데에 주민이 주도하는 지역 안팎의 주체들 사이에 사회적 관계망을 형성하는 것이 중요함을 보여준다. 여러 사례에서 주민들의 상호 신뢰에 기반한 협력관계가 중요하게 다루어진다. 최근 국내외의 다양한 지원 정책 추진 경험에서도 주민 사이에, 또는 주민과 이주민 사이에 상호 신뢰 및 협력관계의 구축, 목표의 공유 등이 중요한 과제로 강조되고 있다. 그러므로 농촌 유토피아 실천 모델을 구상하는 과정에서 이주하는 도시민과 지역 주민 사이의 상호 이해 및 관계 형성 지원, 지역 단위 활동을 지원하기 위한 사회 관계망 형성 등의 프로그램을 중요하게 고려할 필요가 있다.

　귀농·귀촌인이 성공적으로 정착해 지역 주민과 조화롭게 마을의 활력을 높여나가는 사례들을 보면, 공통적으로 안정적인 경제 기반을 구축하고 이를 주민과 협력해 다양한 형태로 공유하는 모습이 나타난다. 평창군 허브나라, 청양군 알프스 마을, 화천군 토고미 마을 등은 초기에 귀농·귀촌인의 아이디어와 노력에 기초해 지역 여건에 맞는 소득기반을 갖추고 그 성과를 주민과 공유함으로써 지속적으로 마을의 활력을 높인 사례다. 그리고 젊은 협업농장과 경상북도 도시청년 파견 제도는 그 방식은 다르지만, 농촌에 거주하기를 희망하는 청년에게 경제적 자립을 위한 교육·훈련을 지원한다는 점이 공통된다. 따라서 이주민이 역량을 발휘할 수 있는 일자리 제공과 이주민과 주민 사이의 협력을 통해 지역 단위의 경제 기반을 갖추도록 지원하는 일은 농촌 유토피아 실천 모델의 핵심 내용이 되어야 한다. 아울러 기존 농촌 개발 및 농촌산업육성 정책, 사업 등과 연계하는 효과적인 방안도 모색할 필요가 있다. 농촌의 사회혁신 사례들은 이주민과 기존 주민이 함께 보람을 느끼며 삶의 질을 높일 수 있는 활동을 체계적으로 추진하는 일이 농촌 유토피아 실천의 중요한 요소임을 보여준다.

감자꽃 스튜디오와 가시리 창작지원센터, 간디 숲속마을의 사례는 농촌에서 새로운 삶의 가치를 추구하는 이주민의 수요와 농촌 주민의 이해관계가 조화를 이루면서 이주민의 안정적인 정착과 마을 활성화를 달성한 사례다. 이는 농촌 생활에서 기대하는 다양한 가치를 충족시키는 동시에 지역사회 활동을 통해 이주민이 보람을 느낄 수 있고, 주민의 복지 증진에도 기여할 수 있는 활동을 발굴하는 것이 농촌 유토피아 프로그램의 중요한 내용이 되어야 함을 의미한다. 의성군 이웃마을 조성사업의 이웃사촌 세미나와 간디 숲속마을의 입주민 사전 세미나 등은 모두 사전에 지역 주민과 이주민의 목표와 수요를 함께 확인하는 과정이 나타나는바, 향후 농촌 유토피아 실천 모델을 추진할 때 중요하게 고려되어야 할 장치라고 하겠다.

이처럼 농촌 유토피아의 실천 모델을 구상할 때는 사회적 관계망 형성을 위해 주민과 이주민 사이에, 그리고 기존 주민들 사이에 소통과 교류를 통해 목표와 가치를 공유하는 과정이 선행되어야 하며, 이것이 프로그램 구상에 반영되어야 한다. 기존 주민과의 갈등은 이주민이 농촌에서 새로운 활동을 시작하는 데 가장 위협적인 제약으로 꼽힌다. 우리가 살펴본 사회혁신 실천 사례들은 그러한 갈등을 예방하고 극복하기 위한 주민 및 주민과 이주민 사이의 신뢰 형성이 중요함을 강조한다. 농촌 주민과 이주민 사이의 생각과 가치를 공유·이해할 수 있는 사전 프로그램을 도입하는 것과 함께, 농촌에 이주, 정착하는 귀농·귀촌인만이 아니라 인접 중심지나 주변 도시에 거주하는 도시민과 농촌 주민 사이의 다양한 교류를 확대하는 일도 농촌 공동체 활성화에 보탬이 될 수 있다. 교류 활동에 참여하는 도시민 입장에서도 사회공헌만이 아니라, 자신의 활동 기회 확대, 버킷리스트 추구 등의 대안이 될 수 있다.

이주민 등 새로운 인적 자원의 역량을 농촌 활성화와 관련된 활동에 효과적으로 활용하기 위해, 인적 자원의 역량과 지역의 수요를 체계적으로 중개하는 플랫폼을 구축해야 한다. 이러한 플랫폼은 지역의 수요와 농촌에서 버킷리스트를 실현하고자 하는 인적 자원의 역량과 수요를 연계하는 것을 목적으로 정보 제공, 사전 체험, 정주 여건, 관계 형성 등 농촌지역과 인적 자원이 필요로 하는 지원을 통합하는 방향으로 구축되어야 한다. 이를 위해 홍성군 사례에서 보듯이, 지역이 처한 문제 등을 객관적으로 파악하고 지역 주민이 바라는 수요를 체계적으로 조사해 정리하는 일이 필요하다. 초기의 시행착오를 줄이기 위해서는 외부 인적 자원의 농촌 이주·정착부터 지역 활동 참여에 이르기까지 필요한 일을 효과적으로 지원할 수 있는 플랫폼이 필요하며, 이러한 플랫폼을 이끌어 갈 중간지원조직 같은 주체의 역할도 중요하다. 젊은협업농장 사례에서 보듯이, 소득이나 지식·경험 등이 부족한 청년층에게는 일정 기간 농촌지역사회에 정착하는 과정 동안 지속적으로 지원해줄 주체가 필요하다. 향후 농촌유토피아 실천 모델을 구상할 때 그러한 기능과 역할을 담당할 주체를 검토하면 좋을 것이다.

농촌의 사회혁신 사례들에서 보면, 지역 주체의 자율적 노력이 전제이긴 하지만 통합적 지원체계 구축 등 행정 차원에서 뒷받침할 필요도 있다. 지방 분권 기조에서 지역 활성화를 위한 지자체의 정책 기획 역량은 더욱 중요해질 것이다. 유토피아 실천 모델 또한 지역별 특성을 반영할 수 있는 지역 주도의 자율적인 사업 방식을 지향해야 한다. 특히 농촌의 인구 기반을 유지하는 일은 다양한 영역의 종합적 시책이 필요하므로, 지자체 차원에서도 여러 부서에 걸쳐 통합적인 정책 지원 체계를 갖추어야 한다. 농촌 활성화를 위해 주민과 이주민, 그리고 다양한 전문가 및 지역 주체가 참여하는 사업 모델을 구상하고 다양한 형태의 사회혁신 실험을 지원할 필요도 있다. 일본 미키시 평생 활약 마을 사업의 생활연구소 사례는 주민과 전문가가 함께 참여하는 가운데 지역사회의 문제점을 해결하고 다양한 서비스를 개선하기 위한 리빙랩 등 혁신적인 모델의 역할을 보여준다. 간디 숲속생태마을, 하성단노을마을 사례 또한 각 영역에서 대안적 삶의 양식을 모색하고 삶의 질 향상을 도모하는 주민참여형 사회혁신의 모델로 볼 수 있다. 농촌 마을의 지역 문제에 대응하고, 정주 여건 개선을 위해 기존의 사업 추진 방식을 뛰어넘는 여러 실험 활동을 지원해야 한다.

5장

균형발전의 과제와
농촌 유토피아 구상의
실천 전략

농촌 유토피아의 기본 방향

농촌 유토피아의 지향 가치

농촌 유토피아는 농촌의 현실을 개선하여 바람직한 상태로 정착시키는 것을 지향한다. 이때 가장 염두에 두는 것이 구성원의 연대와 협력, 경제적 지속가능성, 인간 정주와 자연생태의 조화 등이다. 이는 국민들의 버킷리스트 조사 결과와도 일맥상통한다. 그런데 그동안의 농촌 정책은 과연 이러한 지향점을 얼마나 추구했을까? 모두가 주지하듯이 그간의 농촌 정책은 삶터, 일터, 쉼터, 공동체터의 조화를 최우선 과제로 삼아 농촌 발전을 도모했다. 이는 삶의 여러 측면에서 조화로운 발전을 지향하는 농촌 유토피아의 가치와도 통한다. 하지만 주로 물리적 측면에서 삶의 공간을 개선하고 생산성을 향상시키고자 했을 뿐 농촌 구조 자체를 개선하고 삶의 양식을 바꾸는 데 그 가치들을 반영하지 못한 것이 현실이다. 그 결과로 사람들은 도시로 떠났고 농업 소득은 여전히 열악하며, 도시 가구에 비해 농가소득이 낮은 실정이다. 뿐만 아니라, 자연생태와 조화를 이루지 못했고, 구성원의 공동체성도 과거보다 약화되었다.

전통적으로 농촌 마을의 형성 및 운영 원리는 그동안 여러 사람이 제시한 유토피아의 지향점과 닮은 것이 많다. 특히 근대 이후 제기된 유토피아 논의의 다수는 공통적으로 평등, 공유, 자치, 자연과의 조화 같은 가치를 담고 있는데, 대개 유토피아의 실현 무대로 도시보다 농촌을 상정하고 있다. 동서고금을 통틀어 농촌은 거주지, 생산 공간, 자연이 분리되지 않고 한데 어우러진 마을을 기본 정주 단위로 하기 때문이다. 이런 점에서 볼 때, 그동안 우리가 농촌 정책에서 지향했던 삶터, 일터, 쉼터가 조화를 이루는 동시에 공동체가 살아 있는 곳으로 농촌을 발전시키는 일은 궁극적으로 '농촌 유토피아'를 현실에서 구현하는 작업과도 통한다. 아울러 과거 동질적 주민들로 구성되었던 농경 사회와 달리, 다양하고 이질적인 구성원이 함께 거주하는 공간으로, 그리고 농촌에 살지 않는 국민 다수까지 포괄하는 공간으로 농촌을 발전시키는 방법에 대해 새롭게 고민할 필요가 있다.

이상의 가치와 지향을 고려하여 기존 농촌 정책의 방향성을 재점검하고, 유토피아를 지향하려면 어떻게 현실을 개선해야 할지 그리고 정책을 어떤 식으로 혁신할지 올바른 방향을 모색해야 할 것이다. 이제 농촌 정책의 대상은 농촌 거주민을 넘어 전 국민으로 확대되어야 한다. 문재인 정부의 농정 과제이기도 한 '사람이 돌아오는 농촌'에서의 '농촌'은 결코 농민들만 살고 있는 곳을 지칭하지 않는다. 국민 전체에게 열린 삶의 공간으로서의 농촌을 지향한다.

전국 어디에 살든지 농촌이 삶의 공간이 되려면 최소한의 생활 여건을 갖춰야 한다. 즉 최소한의 서비스 기준을 충족해야 한다는 뜻이다.

[문화] 주민 문화 향유 프로그램을 운영하는 문화인력 활동
● 문화 접근성이 취약한 농촌지역사회에서 문화예술 프로그램 유치, 주민들의 문화예술 교육 및 활동 참여를 지원하는 문화 매개인력 활동
[정주지원] 농촌지역사회 주거 지원단 활동
● 귀농·귀촌 희망자를 위한 농촌 임대주택 정보 제공 및 알선 업무를 담당하는 지역사회 단위의 주거 지원단 활동 (취약 계층 대상 주택 수리, 주거복지 서비스 및 미래 주거 모델 시험·개발, 에너지 절감 주택 보급 활동 추진 등)
[복지] 지역사회 기반 자율적 복지 서비스 조직 운영
● 농어촌 주민생활의 필요에 맞는 지역복지서비스를 자율적으로 발굴하여 제공하는 지역복지 공동체 조직 활동 및 농촌 마을 지원인 활동
[교육] 다문화 학생들을 위한 진로상담센터 운영
● 농어촌 지역의 다문화 학생들이 한국에서의 미래를 꿈꿀 수 있도록 구체적인 진로 상담을 제공하고, 교육 및 생활에 필요한 다양한 도움을 지원
[자원개발] 농촌 마을박물관(eco-museum) 큐레이터 활동
● 지역에 산재한 다양한 유무형 자원을 발굴하고 알리는 농촌 마을 해설사 역할의 '에코 뮤지엄 큐레이터' 활동 육성
[환경보전] 농촌 생태계 서비스(ecosystem service) 제고 활동
● 지역사회 차원의 자율적 농촌 환경 가꾸기 활동 조직 육성을 통해 농촌의 생태계 서비스 기능 확충 (농촌 마을의 도랑 살리기, 생태형 하천 조성 등 추진)

<표 33> 농촌 이주 도시민을 대상으로 하는 분야별 사회적 일자리 예시

특히 그간의 정책에서 소홀히 다루었던 인간 정주와 체류의 기본 단위인 주거에 대한 구체적이며 직접적인 정책이 구상되고 실천되어야 한다. 일의 공간이기도 한 농촌에서는 그동안 주력 산업인 농업의 생산성 향상을 우선시했지만, 앞으로는 자연생태와의 조화 및 경제적 지속가능성까지 고려하는 방향으로 정책을 전환해야 할 것이다. 또한 농업의 육성만으로는 지역경제를 활성화하기 어렵다는 한계를 인정하고, 이를 보완할 수 있도록 농업과 연관된 활동 등 대안을 구상하고 실천

해야 한다. 좋은 먹을거리를 공급하는 체계를 형성하거나 농촌이 지닌 수많은 유무형 자산을 발굴해 활용하는 것이 이와 관련된 과제다. 또한 농촌에 부족한 사회서비스를 자율적으로 공급하는 활동도 필요하다. 사실 공동체의 연대와 협동을 촉진하기 위한 정책 기획과 실천은 그간 전무했다고 보아도 과언이 아니다. 이제 크고 작은 규모의 지역 조직화를 통해 자율적으로 농촌에서의 삶을 기획하고, 연대를 통해 누구나 살기 좋은 지역을 만들려는 노력이 필요한 때다. 또한 다양한 아이디어와 이를 구체적으로 실천할 수 있는 무대를 마련하는 혁신적 계기도 필요하다.

도시민이 농촌에 와서 자아실현의 기회를 누릴 수 있도록 여건을 제공하는 것도 농촌 공동체의 활성화를 도모할 수 있는 방법 중 하나다. 이를 통해 침체된 농촌 공동체에 활력을 되살리는 것이야말로 농촌 유토피아 구상의 최종 지향점이다. 청년층과 중년층, 은퇴자 등 다양한 도시민이 추구하는 버킷리스트 활동을 정책으로 구현해 이들이 각자 꿈을 실현할 수 있는 무대로서 농촌을 선택할 수 있도록 지원하는 것이다. 예를 들어 기존 주민 중심의 공동체 육성 방식을 확장하여 농촌 정주를 원하거나 농촌을 무대로 새로운 활동을 벌이고자 하는 도시민을 대상으로 다양한 프로그램을 마련할 필요가 있다.

이렇게 다양한 인적 자원의 참여를 유도해 농촌 공동체를 재생하려면 지금까지 귀농인 지원에만 초점을 두었던 정책의 외연을 확장해야 한다. 귀농인만이 아니라 다양한 대상자의 요구를 고려해 맞춤형 정책을 마련해야 한다는 뜻이다. 농촌에서 영농 이외의 활동을 추진하려는 사람, 농촌에 영구적으로 이주하려는 계층만 염두에 둘 게 아니라 일시 체류자나 농촌을 제2의 거주지 삼아 활동하는 사람 등 다양한 방식으로 도시와 농촌을 오가며 지역사회 활동에 참여하려는 사람들까지 정책 대상으로 확대해야 한다.

농촌 유토피아 구상의 추진 방향

앞서 국민의 버킷리스트를 조사한 결과를 보면 주거, 교육, 일자리 등에서 정책 지원 요구가 가장 높게 나타났음을 알 수 있다. 하지만 이러한 수요를 충족시키는 기존의 정책 수단은 충분하지 않았다. 대표적으로 주택은 도시민이 농촌으로 이주한 뒤 원활히 정착하는 데 필수인 요소지만, 그동안 대다수 귀농·귀촌인은 정책 지원 없이 스스로 이 문제를 해결했다. 다음 그래프에 제시된 귀농·귀촌인 실태조사 결과를 보자. 이주 초기 빈집 정책을 활용해 거주하거나 선배 귀농인의 집 등에 임시로 거주한 비율이 매우 낮다. 특히 귀촌인의 경우에는 그 비율이 더욱더 낮다.

교육 분야의 사정도 다르지 않다. 그동안 귀농인을 주된 대상으로 삼았기에 다양한 사람들을 대상으로 하는 프로그램이 부족했다. 예를 들어 농식품부에서 실시한 연도별 귀농·귀촌 실태조사 결과를 보면, 귀촌인의 경우 귀농인보다 교육 수혜 비율이 낮다. 특히 2016년 이후 귀촌한 집단일수록 교육 참여율이 약 10퍼센트 전후로 정체되는 모습이다.

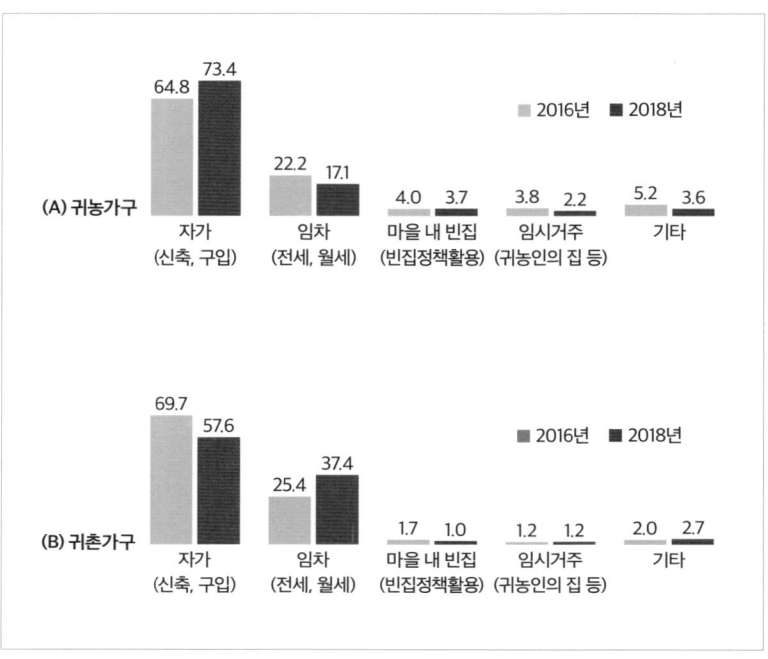

<그래프 28> 귀농·귀촌 가구의 농촌 이주 초기 거주 형태(단위 %)

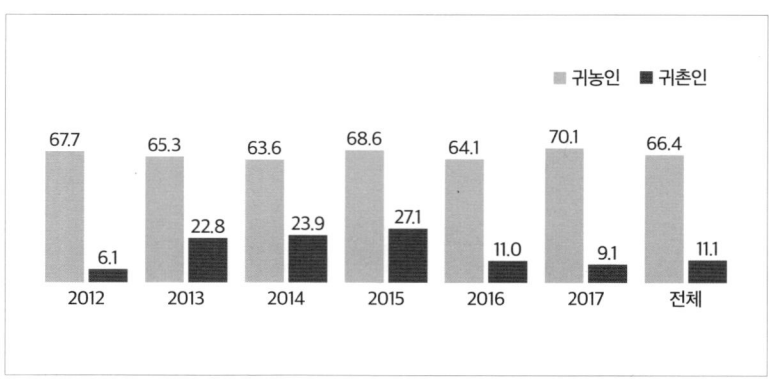

<그래프 29> 귀농·귀촌 연도별 교육 프로그램 참여 비율(단위 %)

또한 농촌에 이주한 도시민 대부분은 마땅한 소득 기회를 갖지 못해 초기 정착에 어려움을 겪는 경우가 많았다. 이에 대한 지원책 마련도 중요하다. 일자리 제공은 지역사회 차원에서 지원해야 하는데 그동안의 사례를 보면 이를 효과적으로 지원한 경우가 거의 없었다. 그 밖에 농촌답게 쾌적한 환경·경관을 살리는 일이나 공동체가 살아 있는 지역사회를 만드는 일도 농촌 유토피아를 실현하기 위해 중요한 정책 영역이다. 도시민의 버킷리스트 실현 장소로 농촌이 갖는 가장 큰 매력은 좋은 자연환경이기 때문이다.

농촌 유토피아 구상을 실현하기 위한 과제

　현장의 정책 요구 및 기존 정책의 제약점 등을 고려해서 농촌 유토피아를 구현하기 위한 과제를 크게 5개 영역으로 구분해 도출하면 다음과 같다. 1)생활기반, 2)일·소득, 3)환경·자원, 4)공동체, 5)기반 구축 부문이다.

　각 영역에서 다양한 수요 조사 결과 등을 바탕으로 도시민의 농촌 정착을 돕고 경제 및 지역사회 활동 참여를 지원하기 위해 추진해야 할 과제를 꼽아보았다. 이주 초기 가장 필요한 지원 분야인 (1) 주거 확보, (2) 농지 임대·취득을 통한 소득 창출, 그리고 (3) 지역사회 참여가 원활하도록 빈집은행, 농지은행, 재능은행 등으로 이루어진 '도시민 이주·정착 지원 3대 은행'을 도입하여 효과적으로 작동할 수 있도록 하는 것이 필요하다. 또한 그동안 영역별로 존재했던 기존의 농촌 정책 수단과 연계해 신규 과제를 지원한다면 농촌 유토피아를 구현하는 데 시너지를 낼 수 있을 것이다. 아울러 다양한 계층의 국민이 자신의 버킷리스트를 발견하고 이를 조직적으로 실현할 수 있도록 이끄는 통합적인 지원 수단으로서 아래와 같이 농촌 유토피아 플랫폼을 구현하고자 한다.

<그림 6> 국민 각자가 저마다의 꿈을 추구하는 미래형 공동체로서 농촌 유토피아

생활 기반 부문

다지역 거주를 지원하는 3대 시책 추진

도시민이 다지역 거주를 확대하도록 거주 공간 조성, 체류·일시거주

지원, 세제 개선 등 3대 시책을 추진한다. 이를 위해 먼저 다양한 유형의 거주 공간을 조성한다. 기존 마을의 정주 환경을 정비함과 동시에 도시민의 주거 공간을 조성하는 등 지원책을 추진한다. 이때 농촌의 전반적인 생활환경도 함께 개선되도록 공동체 차원에서 사업 대상 지역을 정비하는 사업도 추진해야 한다. 특히 정부 차원의 취약지역 생활여건 개조사업과 연계해 마을 단위의 빈집 및 노후주택 정비, 도시민 임대주택 등의 공급이 원활하게 이루어지도록 유도한다.

이와 관련해 증평군 죽리 마을의 사례를 보자. 죽리 마을은 2013년 농촌 현장포럼 개최 뒤 2014년 농식품부 새뜰 사업지구로 선정되어 마을 단위로 주거환경을 정비하는 사업을 추진했다. 그 결과 마을의 빈집 15호 중 1호만 남기고 철거하면서 해당 부지에 귀농인의 집을 4호 조성할 수 있었다. 이 공간은 농촌에 정착하려는 사람이 6~12개월 동안 머물면서 적응할 수 있는 농업·농촌 인큐베이터 역할을 하며 인구 증가로 이어졌다.*

그리고 영농 종사 희망자를 대상으로 제공했던 귀농인의 집을 다변화하여 도시민 유형별로 요구를 반영한 여러 형태의 농촌형 주택을 공급한다. 창업 및 농촌 거주를 희망하는 청년층에게는 청년 농촌 보금자리 주택 조성을 지속적으로 추진한다. 일본 나기정 청년 임대주택 사례처럼 비단 주거뿐만 아니라 일자리 지원과 육아·보육 프로그램 등을 연계해 추진하는 것이다. 참고로 일본 나기정은 출산율이 약

---

* 귀농인의 집에 총 10가구를 받아 이 가운데 3가구가 마을에 정착(2018년 기준)했다. 2018년 마을 인구는 2014년 대비 11가구 20명 증가했다(한국농촌경제연구원 삶의 질 정책연구센터 2018).

2.8명으로 전국에서 가장 높은 곳에 속한다. 이곳에서는 40세 미만을 대상으로 단독 주택형 임대주택 단지를 조성해 저가에 임대하여 지역 정착과 유입을 유도하고, 육아 및 일자리에 대한 다양하고 창의적인 지원책도 병행해 추진하고 있다(한국농촌경제연구원 2019).

정주형 공간 이외에 일시 체류 및 2지역 거주 희망자를 대상으로 하는 다양한 주거모델을 개발하고 지원하는 프로그램도 필요하다. 앞으로 체류(stay)와 휴가(vacation)를 결합한 '스테이케이션(stay+vacation)' 수요가 늘어날 전망이다. 따라서 수요가 발생한 지역에는 농촌형 레지던스 주택 또는 농촌형 게스트하우스 등을 조성해 도시민들이 오랫동안 머물며 휴식과 힐링을 추구할 수 있도록 한다. 일본 효고현에서 조성한 체류형 시민농원 사례를 참고해 주택, 텃밭, 공동농원, 교류시설 등으로 이루어진 공간 조성을 확대하도록 한다.

또 정부나 공공 부문만이 아니라 민간기업 등이 적극적으로 참여할 수 있는 사업의 일환으로서 농촌 살기 체험을 위한 장기 레지던스 체인 구축도 추진한다. 민간기업과 농협, 지자체, 마을 단위 주민조합 등이 투자·운영하는 농촌형 레지던스 브랜드를 개발하는 방안을 모색하고, 특히 민간기업에는 농어촌 상생협력기금 조성을 통해 기업의 브랜드를 살리면서 사업에 참여할 수 있는 방식을 제시한다. 예를 들면, '마을스테이 by ○○기업' 형태의 브랜드를 전국에 확산하는 것이다.

마지막으로 다지역 거주를 확산시키기 위해 세제를 완화할 필요가 있다. 농촌에 거주하도록 유인하는 수단으로서 도시민이 농촌에 보유한 주택에 대한 세금 면제 기준을 현행보다 완화하는 방안을 모색하는 것이다. 현재 조세특례제한법 제99조의4에는 읍·면 지역에 소재한 '농어촌주택'에 대해서는 1가구 2주택에 부과되는 양도세가 면제된다고 규정되어 있다. 하지만 동일 지역(동일 읍·면 및 연접 읍·면)에 소재한 주택의 경우는 면제 조건에 해당되지 않는 것으로 나와 있다. 다지역 거주가 보편화되는 변화를 고려해 현행 조세특례제한법의 규정을 완화하여 이런 경우에도 면제 혜택을 받을 수 있도록 가능한 방안을 검토해야 할 것이다.

지역 단위 빈집은행 도입·운영

농촌 정주 희망자와 현장을 연계하기 위해 농촌에 분포하는 빈집을 도시민 유치 수단으로 활용하는 방안을 마련하도록 한다. 이와 관련해 빈집은행 등을 운영해온 일본의 경험은 우리에게 시사하는 바가 크다. 일본에서는 전국적으로 빈집이 급속히 늘어나는 문제에 대응하고자 빈집특별조치법을 제정하고, 빈집 재생사업을 도입해 빈집을 숙박, 교류, 체험학습, 창작활동, 문화시설 등의 용도로 활용하고자 취득, 이전, 증축, 개축할 경우 필요한 경비를 지원하고 있다. 빈집은 활용형과 제거형으로 구분하는데, 활용형은 개보수 비용, 이전 또는 증개축 비용은 물론 빈집 소유자를 찾는 비용까지 지원한다. 사업 주체가 지자체인 경우는 국비 50퍼센트, 지방비 50퍼센트로, 민간인 경우에는 1/3씩 나누어 부담하고 있다.* 또한 빈집의 위치, 상태, 소유주를 조사해 데이

---

* 제거형의 경우는 과소지역, 인구가 현저히 감소하는 지역을 대상으로 철거 비용을 지원한다.

터베이스화하고, 소유주가 빈집을 매매·임대하기 원하면 빈집 정보를 빈집은행에 등록하도록 한다. 그리고 지방자치단체가 빈집의 소유자와 구입을 원하는 도시민을 연결하는 관련 서비스를 전국 단위로 통합해 제공하고 있다.

빈집의 활용도를 제고하기 위해 국내에서도 일본에서 운영해온 빈집은행을 지역 단위로 도입하도록 한다. 지자체에서 빈집 정비계획 등을 수립해 빈집의 관리 방안을 마련하고, 마을 공동체와 마을 경관보전협약을 맺어 빈집을 정비하도록 유도한다. 또한 빈집 실태조사를 바탕으로 데이터베이스를 구축하고, 이주 희망자를 대상으로 빈집 투어 프로그램을 운영하며, 빈집 활용 및 철거를 위한 비용을 지원하는 등의 지원책을 지역 차원에서 마련한다. 이에 대한 근거는 지자체의 조례를 통해 뒷받침되어야 할 것이다. 그리고 빈집은행의 운영에는 지역 단위로 현장과 수요자를 연결하는 주체의 역할이 중요하므로 지자체에서 중간지원조직이나 사회적경제조직 등의 민간 주체가 이러한 활동을 담당할 수 있도록 지원한다.

그동안 여러 지자체에서 인터넷 등을 통해 빈집 정보를 제공하려 했지만 별다른 효과를 거두지 못했다. 형식적으로 빈집 정보만 게시했을 뿐, 빈집의 실태와 활용 가능성에 대해 면밀하게 파악하거나 수요자와 빈집 제공자를 연결하는 현장의 주체에게 권한을 부여하지 않았던 데 원인이 있다. 중간지원조직의 운영 방식은 지자체 여건에 따라 여러 유형을 시도할 수 있다(오형은 2019). 일본의 경우 마츠야마시에서는 민간 사업자에게 미츠하마 지구의 빈집은행 운영을 포함한 지역 활성화 사업을 수탁해 운영하며, 히다시에서는 공기업 형태의 조직을 통해 해당 알선·중개 업무를 수행한다. 효고현 사사야마시의 경우 전문가 집단이자 중간지원조직인 일반 사단법인이 중심이 되어 각 분야의 전문집단(프로듀서, 디자이너, 관리 및 영업, 자산관리, 건축 등)과 연계해 조직한 지역자산관리활용협의회(OPERA)에서 지금까지 60채의 낡은 민가 재생 프로젝트를 수행했다.

이러한 사례를 참고해 지자체는 (가칭)빈집관리회사를 통해 빈집 소유자를 설득하고, 소유자가 원하면 빈집을 지자체가 매입하거나 소유자로부터 장기 임대를 받아 리모델링을 추진하는 등의 역할을 담당하도록 지원한다. 이 같은 농촌 소재 빈집관리회사는 장기적으로 지역주민과 이주 희망자들에게 집수리 교육을 시행하거나 기존 주택의 관리를 지원하는 등의 역할까지 담당하는 농촌주택관리회사로 성장·발전할 수도 있을 것이다.

미래형 농촌 주거 문화 보급·확산

미래의 농촌 유토피아가 추구하는 친환경적 요건에 부합하도록 주택 및 마을을 정비할 때는 에너지 자립형 주택을 비롯한 미래형 주거 모델을 구현한다는 원칙을 견지해야 한다. 즉 난방비 부담을 줄이는 패시브하우스, 태양열·지열 등을 이용하는 액티브하우스의 조성을 확대한다. 4장에서 살펴본 독일의 마우엔하임 마을이 한 사례다. 또 다른 독일의 보봉 마을에서도 에너지 고효율 조건을 만족하는 저에너지하우스, 패시브하우스 등을 건립하고, '에너지 플러스'(생산된 에너지가 소비된 것보다 많음) 하우스 건축을 적용한 바 있다(심재헌 2013). 이런 사례를 국내에서도 적극적으로 채택해야 한다. 이와 함께 초고령화가 진행된 농촌의 인구 특성을 고려해 유니버설 디자인을 적용한 고령친화형 주택을 확산하는 데 주력해야 한다.

다지역 거주 시대에 맞추어 농촌 주거 모델의 개발·확산을 뒷받침하는 수단으로서 지금보다 더 다양해진 농촌주택 표준설계도를 개발해 보급하는 방안도 있다. 농식품부와 한국농어촌공사에서 개발한 농촌주택 표준설계도는 종류가 제한되어 장래 다양한 유형의 농촌 주거 수요를 충족시키는 데 한계가 분명하다. 따라서 앞에서 언급한 여러 에너지 절감형 주택을 더욱 다양하게 개발해 미래형 농촌주택 표준설계도에 반영해야 한다.

일 소득 부문

창조 계층 및 청년층 창업·취업 지원

지역에서 '반농반X형 생활양식'이 확산되도록 뒷받침할 수 있는 지역 단위 일자리 연계 시스템을 구축해야 한다. 특히 임금이 높지는 않으나 필요할 때 단시간 일하면서 자신이 원하는 다른 일을 수행하기를 희망하는 주민을 주요 대상으로 삼는다. 또한 인력을 필요로 하는 지역 사업체와 일자리를 원하는 주민을 효과적으로 연결시켜 인력 수요에 대응하고 소득 기회를 창출하는 체계도 구축한다. 이는 정규직 중심의 상시 고용 형태보다 계절적·시간적으로 상이한 인력 요구를 해결하는 데 유리하고, 한편으로 자투리 시간을 이용해 필요한 때 일하기를 원하는 주민의 요구도 충족할 수 있으므로 유용하다.

지자체 등 공공 부문에서는 이러한 시스템을 구축하도록 지원하되 민간 주체들이 그 운영을 담당하도록 하는 방식도 시도할 필요가 있다. '일거리 편의점 사업'을 운영하는 나기정 모델이 그에 해당한다. 자투리 시간을 활용해 소일거리를 찾는 주민에게 지역의 사업체에서 수탁한 일감을 소개하는 방식이다.

온라인에서 전문적으로 일을 중개하는 민간 사업체의 서비스를 활용해 지역 주민의 일자리 참여 요구와 사업체들의 인력 수요를 충족하는 방식도 도입할 수 있다. 이러한 업무는 기존의 재택근무 방식보다 더 유연한 형태로서 중개 서비스를 통해 집에서 컴퓨터로 가능한 일을 받아서 수행한 뒤 결과물을 발송하는 방식이다. 일본의 평생 활약 마을에서 실제로 운영되고 있는 서비스이기도 하다. 주로 글을 쓰는 작업이나 녹취록과 원고, 회의자료 등의 작성이나 편집, 그래픽 디자인 등이 이러한 일거리에 해당한다.

농촌형 신서비스산업과 새로운 직업군을 육성하는 것도 하나의 방법이다(송미령 외 2019). 치유형 의료서비스업, 산림복지서비스업, 농촌형 MICE 산업 등과 같이 도시가 아닌 농촌의 강점을 살릴 수 있는 신서비스산업을 육성한다. 그리고 농촌 활성화 콘텐츠 기획자, 전원생활 도우미, 산림 테라피스트 등과 같은 신 직업군이 창출되도록 현장 주체가 먼저 창의적인 아이디어를 마음껏 실험할 수 있도록 유도한다. 특히 유휴 농업시설, 빈집 등의 지역 자산을 발굴해 이러한 새로운 창업 활동을 시도하는 공간으로 활용하도록 지원한다.

지역사회에 필요한 창의적이고 다양한 농촌형 일자리를 발굴하고 지원할 필요도 있다. 도시민이 농촌으로 이주한 뒤 소득원 부족으로 정착에 어려움을 겪는 문제를 완화할 수 있도록 지역사회에 기반을 둔 일자리를 마련해 제공한다. 특히 인구 과소화로 시장경제 영역의 생활 서비스가 취약한 농촌 여건에 맞도록 사회적 경제 영역에 도시의 다양한 인적 자원이 참여하도록 유도한다. 사회 서비스형 공동체 회사, 협동조합, 마을기업 등 사회적 경제 조직을 활용해 이러한 일자리를 발굴할 수 있다. 마을자원조사단, 마을간사, 농촌 주택 실태조사단, 마을 복지사무장, 마을교사, 농장 코디네이터, 주민 문화활동 지원인 등이 대표적 사례다. 참고로 충남의 경우(구자인 2018) 광역 및 기초 지자체 차원에서 마을 만들기 사업을 전면적으로 추진하면서 관련된 중간지원조직 등에서 54명(2018년 10월 기준)의 인력이 활동하는 것으로 파악된 바 있다.

농지은행 활용도 제고

장래에 지역에서 농사를 짓고자 하는 인력을 체계적으로 육성하는 실효성 있는 수단이 되도록 지자체 단위에서 효과적으로 농지은행의 관리·운영체계를 구축하는 등 농지은행 제도의 운영 방식을 개선해야 한다. 현행 농지은행 제도는 지역에서 실제로 농업에 종사하고자 하는 귀농인이나 청년농업인에게 실질적인 도움이 되지 않는다는 지적이 많

시정촌·관계 기관	마을·지역 회의	시정촌 검토회의
* 지역 농업인들 설문조사 - 지역 농업의 장래 전망(농지의 이용, 지속 가능한 경영) - 지역 농업의 향후 방향성(후계자 부족 문제) - 자신의 경영이나 농지를 어떻게 할 것인지에 대한 조사 *마을·지역 회의 절차 사전 논의	* 마을·지역 회의에 내외의 많은 사람 참여 유도 * 설문조사 결과 토대로 - 지역 농업을 담당할 자는 누구인지 - 담당자가 충분한지 - 담당자가 부족하면 신규 인력을 어떻게 해야 하는지 - 농지중간관리기구를 어떻게 활용할지 - 핵심 인력과 그 외 농업인의 역할 분담 등 향후 지역 농업의 형태 등을 논의	* 마을·지역회의를 토대로 사람·농지 플랜 원안 작성 * 시정촌은 농업관계기관이나 농업자 대표로 구성된 검토회를 개최하여 원안 타당성 검토 (30% 이상은 여성 농업인으로 구성)

시정촌의 사람·농지 플랜으로 정식 결정하고 결과를 공지

<표 34> 일본 시정촌의 사람·농지 플랜 수립 절차

다.* 한국농어촌공사 차원의 개선 시도만으로는 효과를 보기 어려우며, 지역공동체 단위에서 미래의 농업 인력 육성 및 이를 위한 농지 확보라는 구상을 마련하도록 유도해야 한다.

그리고 '한국농어촌공사 및 농지관리기금법'에서 규정한 한국농어촌공사의 주관으로 농지은행 사업을 추진할 때 지자체와 협력에 관한 사항을 명시하게 하는 방향으로 제도를 개선하도록 검토할 필요가 있다. 이와 관련해 일본에서 도도부현 단위로 구성되는 농지 중간관리기구를 통해 농지의 집적·집약화를 유도하고 수요자에게 제공하는 사례를 참조하면 좋다. 이러한 집약화가 실효성 있게 작동할 수 있도록 시정촌 단위에서 여러 주체가 참여해 사람·농지 플랜을 작성하는 점에 특히 주목

---

* 2장에서 제시된 귀농·귀촌인 조사결과에서도 농지 관련 지원 요구가 상위에 응답되어 있다.

해야 한다(마상진 2017). 지역 농업의 미래를 이끌어가는 데 적합한 수요자에게 농지를 제공한다는 공감대가 형성되고, 실제 농지라는 자원의 배분 과정에 지역 주체들이 참여하는 지자체를 우선적으로 발굴해 농지은행이 효과적으로 활용되도록 지원하는 방안을 마련해야 한다.

푸드플랜 확산

지역의 순환경제 형성과 농촌 활성화 수단으로 가능성을 보여준 로컬푸드 영역을 더욱 체계적으로 육성하기 위한 푸드플랜이 국가 및 지역 단위에 자리 잡도록 한다. 그동안 로컬푸드를 통해 소비자와 생산자가 신뢰를 바탕으로 상생하는 먹을거리 선순환 체계를 구축하는 사례가 늘어났다. 로컬푸드는 공공급식과 먹을거리 소외계층을 대상으로 한 먹을거리 제공 등으로 영역을 확대하면서 지역사회에서 발생하는 여러 문제를 해결할 수 있다는 잠재력을 보여주었다. 또한 로컬푸드는 소농의 조직화와 소득 창출, 직거래 매장, 다양한 형태의 가공, 급식·외식 등의 서비스 영역을 통해 지역의 부가가치와 일자리를 창출하여 지역의 활력을 높이는 수단으로도 기능하게 되었다. 이는 농촌 유토피아가 지향하는 순환경제 육성 방향과도 부합한다.

그렇기에 지역 단위 푸드플랜, 로컬푸드 육성을 통해 다양한 농촌형 소득기회를 창출할 수 있다. 아직 기반이 미약한 지역은 먼저 로컬푸드 기반을 구축하고, 소농 조직화와 직거래 매장 조성 및 가공, 급식·외식 등 서비스 영역에서 부가가치와 일자리 창출을 도모한다. 또한 그 기반이 어느 정도 갖추어진 지역에서는 공공급식 등으로 영역을 확대하여 푸드플랜 기반을 형성하도록 한다.

한편, 먹을거리 공공성을 강화하려는 도시 지자체와 농촌의 제휴를 확대하는 일도 시도해야 한다. 푸드플랜 도입 기반을 갖춘 도시 지자체를 대상으로 복합 식생활문화센터 등을 설치하는 도시형 푸드플랜 시범사업을 시도할 수 있다. 장기적으로는 푸드플랜의 영역을 농식품의 생산·가공·유통에서 확장해 먹을거리의 폐기를 최소화하는 적정 생산, 자원화 등을 통한 음식물 쓰레기의 환경 부하 최소화, 영양 균형, 저소득층의 양질의 먹을거리 접근성 보장 등 다양한 영역으로 확대한다. 이처럼 전국과 지역에서 농식품·교육·보건·의료·복지·환경 등 먹을거리와 관련된 다양한 정책 및 행정 영역의 수평적 협력을 확대하고, 정부·시민사회·농식품 생산자 등이 서로 교류·협력하는 먹을거리 거버넌스가 정착되도록 한다.

환경 자원 부문

농촌 유산 자원 발굴 및 보전 활동 확산

개발 중심의 기존 정책에서 벗어나 농촌 자원의 발굴·복원·보전에 중점을 둔 정책을 추진함으로써 농촌의 자연자본(natural capital) 가치를 향상시킨다. 이를 위해 지역 자원 보전 활동을 최일선에서 수행하는 거점으로서 농촌의 위상을 정립한다.

그리고 농촌의 경관, 전통, 문화, 생태자원의 보전·활용을 위한 주민

자율적 활동이 전국적으로 확산되도록 유도한다(송미령 외 2019). 주민협정 체결 등을 통해 농촌 주민 스스로가 이 활동에 적극적으로 참여하도록 지원한다. 기존 주민만이 아니라 도시민이나 귀농·귀촌인, 청년층 등 다양한 국민이 함께 농촌 자원의 발굴·보전 활동에 참여하도록 유도한다. 영국에서는 근대화 이후 자연보전, 내셔널트러스트 운동 등 각종 보전 활동이 확산되면서 오늘날과 같은 농촌에 대한 국민적인 애정과 관심이 형성된 바 있다. 또, 농어촌상생협력기금을 활용해서 민간 주도로 국민이 관심을 가질 수 있는 농촌 자원을 발굴하고 활용 프로그램을 마련하도록 유도한다(송미령 외 2017a). 기금의 확충은 크라우드 펀딩을 적극적으로 활용해 일반 국민과 중소기업 등이 참여하도록 유도할 수 있다.

특별히 가치 있는 농촌 자원은 국가 중요 농업유산으로 지정해 체계적으로 보전·관리한다(송미령 외 2017a). 오랜 농업 활동의 산물로 형성된 전통·문화·경관적으로 가치 있는 농업 자원이 방치되는 걸 막고 체계적으로 보전되도록 지원하기 위해 지속적으로 농업유산 지정을 추진한다. 소멸 위기에 처했던 청산도 구들장논의 경우 2013년 중요농업유산에 지정되면서 가치가 재조명되어 보전 활동이 확산되고 지역 활성화로 이어진 바 있다.

신규 자원을 발굴해 농업 유산으로 지정되도록 추진하며 기존 농업유산을 다양하게 보전, 활용하는 프로그램을 추진하는 노력도 필요하다. 근대화 이전 시기에 운영되던 폐정미소, 양조장, 양곡창고 등 농업·농촌의 특색을 살린 유무형 자원을 지역에서 발굴하여 보전·활용하는 방안을 마련한다. 완주군 비비정 마을은 일제강점기의 양수장을 활용해 새로운 문화 공간을 창조한 사례다.

농업환경보전 프로그램 도입

농업환경보전 프로그램의 도입 및 확산을 추진해 농촌의 환경·생태 보전에 기여하는 다기능 농업을 활성화시킨다. 기존 친환경 농산물 생산에만 국한된 친환경농업을 확대해, 농촌의 전반적인 자연자본 가치를 높이는 역할로 발전시킨다. 이를 위해 마을과 지역 단위의 관리 계획을 수립하고, 지자체와 협약을 통해 토양·용수·경관·생태 등 주민의 다양한 환경보전 활동을 지원한다. 토양양분 관리부터 토양 침식 방지, 농업용수 수질 개선, 농촌 경관 개선, 생태계 보호 등 다양한 활동을 펼칠 수 있다.

단기적으로는 다기능 농업이 잘 뿌리내리도록 주민들의 인식과 실천 전환을 꾀하는 정책 프로그램에서 출발하여, 난이도가 낮고 주민이 원하는 활동 위주의 협약을 통해 공동체 경험이 축적되도록 한다. 나아가 장기적으로는 주민과 지역 내 농업환경 전문가, 중간지원조직, 지자체 행정가 등으로 구성된 거버넌스가 형성되도록 한다. 이를 바탕으로 계획부터 협약 이행까지 주민 스스로 수행하도록 하여 지역 단위로 주민 주도의 지속 가능한 농업 체계가 구축되도록 한다.

공동체 부문

커뮤니티 활성화를 위한 재능은행 활용

주민들의 공동체 활동 참여는 농촌 유토피아를 구현하는 전제 조건이다. 인재 유출과 인구 고령화로 침체된 농촌 공동체를 재활성화하는 데 도시민이 다양한 방식으로 기여할 수 있는 방안을 모색하는 이유다. 가장 좋은 방법은 그동안 역점을 두어온 소득활동 기반의 공동체 육성 전략에서 벗어나 다양한 문화·여가 활동에 주민들이 참여할 기회를 확대하는 것이다. 이에 따라 지역에서 다양한 동아리 활동을 육성하고, 주민의 참여를 유도해 인적 교류와 자기실현의 기회를 제공하도록 한다.

이상의 취지를 잘 살려서 주민이 제안하는 소액사업 방식의 농촌개발사업이 확산되도록 하며, 이를 바탕으로 지역사회의 동아리 및 주민조직이 제안하는 상향식 문화·여가, 지역 가꾸기 활동을 지원한다. 이 같은 사업과 연계해 평생학습센터 및 생활문화센터 등을 매개로 다양한 동아리 활동을 추진하고, 커뮤니티 단위 교육공동체를 활용하여 교육·문화 프로그램 등을 지역 단위에서 육성한다.

이러한 사업을 위해 다양한 계층의 인재가 농촌 지역사회의 활동에 참여해 역량을 발휘할 수 있도록 지역 차원에서 재능은행을 도입, 활용한다. 농촌에 이주한 귀농·귀촌인뿐 아니라 잠재적인 농촌 정주 희망자나 도시에 거주하는 창조인력 등 재능과 의지를 지닌 사람을 재능은행에 등록하고, 현장에서 요구하는 활동에 참여할 기회를 제공한다. 이때 일상적인 연계 활동이 수월하게 이루어지도록 각 재능은행을 인접 생활권에 속한 중심 도시 및 배후 마을과 연계하여 운영되도록 한다. 예컨대, 지자체 최초로 2015년 결성된 재능기부 단체인 칠곡군 '어름사니'를 보자. 이 단체는 문화·여가활동에 참여하는 200여 명의 주민이 평생학습센터 등에서 강사로 활동하며 지역사회에 재능을 기부하고 있다.*

포용적 지역사회를 위한 사회적 농업 확산

농촌의 소외·취약계층을 대상으로 돌봄, 일자리, 교육 등 다양한 지역사회 활동을 추구하는 사회적 농업을 육성한다. 영농 활동과 결합된 환경에서 노인, 장애인, 결혼 이주여성 및 자녀, 아동, 청소년, 청년 등 농촌지역사회에서 경제적·사회적 배제를 경험하는 계층에게 돌봄, 교육, 일자리 등을 제공해 사회통합을 실현하는 '사회적 농장'이 확산되도록 하는 것이다.

이를 위해 지역 단위의 사회적 농업 네트워크가 형성되도록 유도한다. 사회적 농장과 함께 이웃의 농민이나 주민, 보건의료기관, 지자체, 사회적 경제 조직, 로컬푸드 조직, 자활 조직, 학교 등이 새로운 협력관계를 형성해 사회적 농업을 실천하는 네트워킹 활동을 지원한다. 정부 차원에서도 사회적 농업을 육성할 방법을 모색해야 한다. 사회적 농업 서비스 수요자의 자율적 선택과 참여를 유도할 수 있도록 '개인화된'

---

* 칠곡군의 경우 주민 누구나 재능 기부 신청 대상으로서, 6세 어린이부터 85세 할머니까지 240명이 재능 기부 명단에 등록되어 있다(칠곡군청 담당 공무원 면담 내용 참고).

자금 지원 방식을 모색할 수 있는데, 보건복지부에서 커뮤니티 케어 정책의 일환으로 추진할 예정인 성인 장애인 주간활동 서비스 바우처 사업과 연계하는 것도 한 방법이다. 이러한 사회적 농업의 공익적 기여에 대해서는 공적 보상 체계가 마련되어야 한다.

기반 구축 부문

'농촌 유토피아 프로젝트' 신규 사업 도입 및 사회실험 추진

귀농·귀촌인, 도시민 등 다양한 인적 자원을 농촌 활성화에 참여하도록 지원하는 데 우선적 목표를 두고, 가칭 '농촌 유토피아 프로젝트'를 신규 추진한다. 예산은 신규 사업화를 통해 확보하되 기존 사업을 이 프로젝트에 활용하는 방안도 병행해서 마련한다.

신규 사업은 적극적인 사업 의지가 있고 지역사회 여건이 갖추어진 일부 농촌 지자체와 협력해 먼저 시범 프로젝트를 추진하고, 이어서 전국으로 확산시킨다. 2018년부터 추진된 농촌 신활력 플러스 사업, 향후 추진할 농촌협약 및 국가균형발전위원회에서 총괄 추진하는 지역발전투자협약 등에서 연도별로 일정 사업량을 확보하도록 관계 부처와 협의할 필요가 있다.

아울러 지역에서 구현하려는 농촌 유토피아의 특성에 부합하는 다양한 분야별 사업을 연계해 추진한다. 농촌 유토피아 프로젝트는 주택이나 일자리 및 소득 개발, 마을 활성화, 생활서비스 개선, 귀농·귀촌

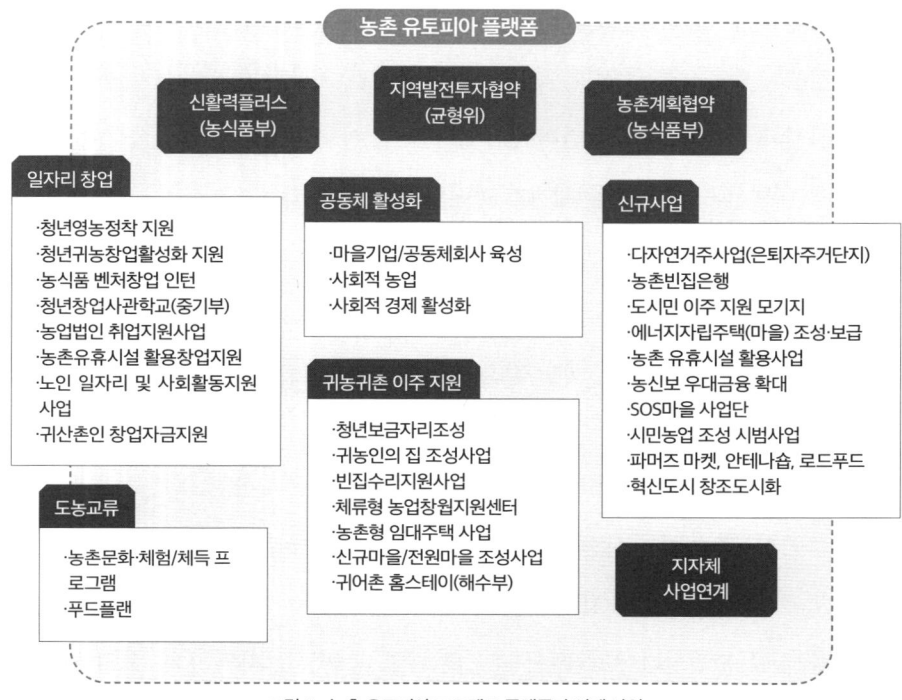

<그림 7> 농촌 유토피아 프로젝트 플랫폼과 연계 사업

유치 등 다양한 영역을 포괄할 수 있다. 특히 지향하는 농촌 유토피아의 모습은 지역별로 다를 수 있고 주체별로도 다양하게 나타날 수 있기에 특정한 상을 제시하거나 일률적으로 추진하기보다 지역 주체들이 자체적으로 논의하도록 유도한다.

사업 효과를 극대화하기 위해 연계 가능한 중앙정부 사업을 패키지로 지원하는 방안도 있다. 아래 제시한 바와 같이, 영농정착지원사업과 청년보금자리사업, 귀농인의 집, 푸드플랜 패키지 사업, 사회적 농업 지원사업 및 농식품부 주관 지역개발사업(농촌 중심지 활성화 등)을 우선적으로 연계해 지원하는 것이다. 더 나아가 산림청, 해수부 사업을 연계해 추진하는 방안도 협의하고, 국가균형발전위원회와 삶의 질 향상 위원회 등을 통해 문화체육관광부, 보건복지부 등 관련 부처 사업과 패키지 지원하는 방안도 모색할 필요가 있다.

지역 공동체와 마을, 주민 조직 등 여러 공간 단위 및 주체별로 각기 추구하는 유토피아 지향점, 사업 내용 등을 반영해 지역에서 자율적으로 자체 공모사업을 선정해 추진토록 한다. '자율적인 공동체'를 추구한다는 유토피아의 공통 특성을 감안해, 지자체 행정의 역할을 최소화하고 주민 공동체가 주도하는 상향식 사업 방식을 채택해 추진하도록 하는 것이 중요하다.

이상과 같은 정부 지원 사업과 별도로 다양한 사회실험 프로그램도 연계해 추진해야 한다. 이를 위해 농촌 현장에서 활동하는 민간 조직, 농촌의 가치에 관심을 갖는 창조계층 인력 등과 함께 사회실험 프로그램을 추진한다. 농촌 일시 거주 프로그램, 청년 영농 정착 및 6차 산업화 창업 활동에 대한 맞춤형 지원 프로그램, 신중년층의 재능기부 활동 등을 사회실험 소재로 활용할 수 있는데, 이러한 사회실험은 방송, 언론과 연계해 일련의 과정을 프로그램으로 제작하여 대중에게 홍보한다.

사회실험 프로그램을 효과적으로 추진하려면 관련 기관들이 〈표 35〉와 같이 역할을 분담하는 것을 생각해볼 수 있다.

농식품부
● 농촌 신활력 플러스사업 및 청년 농촌보금자리 프로젝트 등 정책 사업 활용 ● 청년농업인 정착 지원 프로그램을 개편하여 일부 청년을 대상으로 영농활동이 아닌 농촌의 다양한 활동을 해나갈 수 있도록 조치 ● 마을가꾸기 경진대회 방식을 전환해 청년, 장·노년 등 다양한 세대의 심사위원단을 모집하여 농촌 보물찾기 프로그램 추진 ● 심사위원단의 커리어를 활용해 '보물찾기'를 통해 선정된 농촌 보물(마을 등)의 가치를 높이는 활동을 매칭 ● 매년 Rural Summit 대회 등을 통해 과정과 사례를 홍보
농협
● 1사1촌 자매결연 마을 등을 중심으로 농촌 수요 파악 ● 농협은행 APP을 통한 장·노년 앙코르커리어 데이터베이스 구축과 농촌 체류 희망자 모집 및 지역사회 공헌 활동 참여 기회 제공 ● 전국 읍·면 소재지 농협 지점을 지역 정보 발신 및 교류 거점인 방문자 센터로 활용 ● 시범 사업지역 스탬프 순회 투어 운영 ● 농협방송(NBS)을 통한 시범사업 방송프로그램 제작·홍보
한국농어촌공사
● 농촌 빈집은행 운영, 농촌 빈집·유휴시설 등 목록 작성 및 정보 제공 ● 농촌 빈집·유휴시설 정비 및 도시민 체류 인프라('마을 스테이' 등으로 브랜드화) 구축 ● 건축 기술을 배우려는 청·장년 세대를 공모하여 3~4개월 집짓기를 배우면서 살아보는 활동을 조직화
산림청, 산림복지진흥원
● 산촌마을 등 도시에서 벗어나 자연환경에서 산촌 생활을 체험할 기회 제공 ● 자연휴양림, 숲체험원 조성 등 기존 정책 사업을 적극적으로 활용
희망하는 시범 지자체
● 시범사업 추진을 위한 장소 및 인프라 제공, 사업 기획 및 주민 조직화 등 ● 로컬푸드를 활용해 유명 셰프를 농가 레스토랑에 초빙해 요리를 개발하고 판매하는 이벤트, 이를 바탕으로 팝업 농가 레스토랑 방식으로 전국 순회 등 ● 농장에서 하루 살아보기 프로그램을 기획해 실천할 수 있는 활동 플랫폼 운영

<표 35> 농촌 유토피아 프로젝트 참여 기관과 역할

도·농 연계 농촌 유토피아 플랫폼 구축

농촌 이주 수요자와 지역 공동체, 관련 지자체 등 다양한 주체를 연결하는 농촌 유토피아 플랫폼을 구축·활용한다. 우선 지자체 단위의 지역자산 통합관리 시스템을 구축하고, 그것을 포털 형태의 농촌 유토피아 플랫폼을 통해 도시 수요자에게 제공하는 방식이다. 특히 농촌 활동 및 이주·정착을 희망하는 도시민이 농촌지역사회와 연결되도록 재능은행, 농지은행, 빈집은행 등의 정보가 농촌 유토피아 플랫폼을 통해 매개될 수 있게 준비한다. 이때 빈집 정보, 활용할 수 있는 유휴자산 정보, 지역사회 일자리, 어메니티 자원, 도시민과 교류를 희망하는 마을 공동체 정보 등을 제공한다. 이 플랫폼이 지역 인재를 모아 활동할 수 있는 환경이 되려면 누구나 어디서나 쉽게 접근할 수 있도록 지도 형태로 정보를 시각화하고, 농촌 체류 및 정착에 필요한 다양한 정보와 지원 수단 등을 원스톱으로 처리하는 기능을 갖춰야 한다. 농촌 유토피아 플랫폼은 도시민이 농촌지역사회에 자신이 희망하는 활동 분야를 제시하고, 이를 실현하기 위한 각종 지원 수단에 대한 정보를 획득하는 창구로도 활용할 수 있다. 역으로 농촌 공동체나 지자체는 보유한 지역 자산과 도시민에게 제공되는 지원 프로그램을 제시하여 지역사회에 적합한 인적자원을 확보할 수 있다.

한편, 기존에 영농 중심으로 이루어지던 교육 프로그램을 다변화해 다양한 도시민의 수요에 대응할 수 있는 이주·정착 교육 프로그램을 도입하도록 한다. 귀농·귀촌종합센터를 비롯한 각종 교육기관에서 집짓기, 목공, 생활공예, 정원 가꾸기, 생태교육, 취미활동 등 정착민에게 매력적으로 다가갈 수 있는 다양한 교육 프로그램을 제공한다. 특히 농촌으로 이주한 사람들이 자립, 자생하는 데 필요한 DIY 관련 교육 프로그램을 집중적으로 확충할 필요가 있다.

그 밖에도 특정 연령 및 계층을 대상으로 하는 교육 프로그램을 개

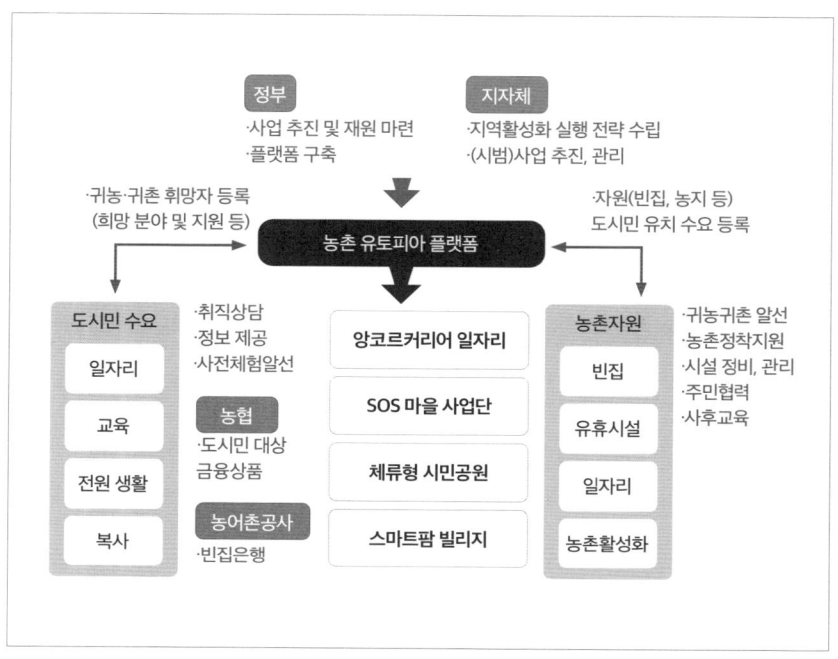

<그림 8> 농촌 유토피아 플랫폼을 통한 도농 연계

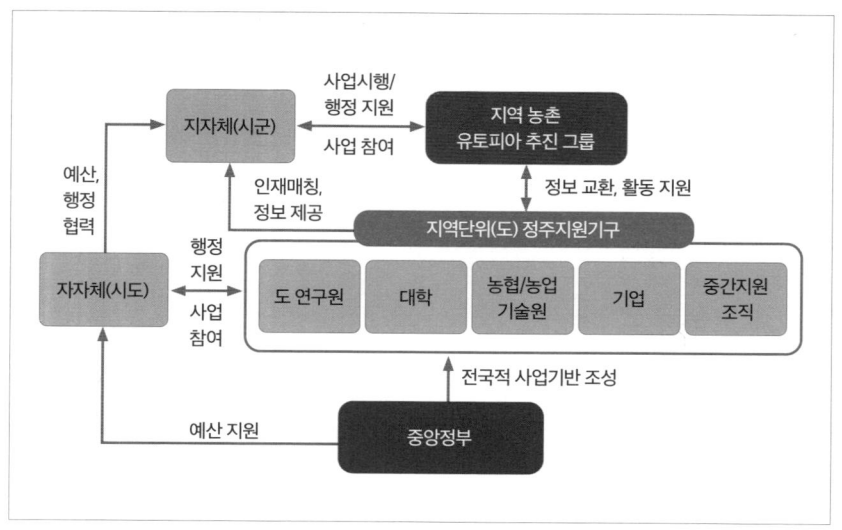

<그림 9> 농촌 유토피아 프로젝트 지역 단위 추진 체계

발, 보급한다. 그동안 관련 기관이나 지자체 등에서 실시한 청년층 대상의 창업 교육 프로그램이나 신중년층 대상의 프로그램은 주로 도시 지역을 대상으로 이루어졌는데, 농촌에도 이 같은 프로그램 개설이 절실하다. 따라서 해당 기관과 협력해 프로그램 기획과 개설을 다변화하는 노력이 필요하다. 예를 들어 청년층 대상 창업지원 프로그램 제공 기관(예: 청년창업사관학교)이나 중장년층 대상 프로그램을 제공하는 지자체 관련 조직(예: 서울50+재단) 등과 연계해 농업·농촌 관련 교육 프로그램이 제공될 수 있도록 유도하는 것이다.

지자체 차원에서는 일반적인 농촌 적응 교육 프로그램 이외에 해당 지역사회에 대한 이해를 높이는 교육 과정을 개발하여 이주 희망자에게 제공한다. 앞서 살펴본 홍성군 홍동면·장곡면의 여러 지역사회 조직이 공동으로 기획해 2017년부터 운영하기 시작한 평민지역학교 프로그램이 대표적인 사례다. 이러한 지역 단위의 교육 프로그램 및 학습 모임을 운영하려면 지역공동체 활동 그룹이 중심이 되는 중간지원 조직을 육성할 필요가 있는데, 교육 프로그램을 이수한 도시 이주민이 자연스럽게 지역사회 활동에 참여하도록 유도할 수 있기 때문이다.

지금까지 논의한 농촌 유토피아 플랫폼이 효과적으로 작동하려면 지자체 차원의 행정 지원체계 구축이 전제되어야 한다. 영농, 주거, 일자리, 복지, 교육, 생활서비스 등 다양한 분야에 걸친 시책을 연계해 추진하기 위해 다양한 부서가 참여하는 시·군 행정 지원체계를 구축할 필요가 있다. 이러한 행정 지원체계는 민간 주도의 농촌 유토피아 추진 그룹과 역할을 분담하거나 협력을 통해 사업을 뒷받침하게 된다. 광역 단위에서는 도 연구원, 대학, 도 농업기술원, 민간 사업체, 중간지원 조직 등과 연계해 도 단위의 농촌 정주 지원기구를 구성하여 다양한 주체가 플랫폼에 참여하도록 유도한다.

마지막으로 지역 단위의 유토피아 추진 그룹이 중심이 되는 민간 주체들의 파트너십 형성을 비롯한 민간 주도의 거버넌스가 형성되어야 한다. 농촌 유토피아 프로젝트가 행정 주도 사업으로 추진되는 것을 지양하고, 일련의 사업 과정을 이끌 수 있는 중간지원조직 또는 지역활동그룹(LAG: Local Action Group) 형태의 조직에 적극적인 역할을 부여하는 작업이 필요하다. 이때 상향식 지역활동그룹이 주요 사업을 기획·추진하고 다양한 지역 조직이 공모사업에 참여하는 방식을 활용할 수 있다. 지역 단위 유토피아 추진 그룹에는 다양한 지역공동체 조직이 참여해 파트너십 방식으로 활동하며, 이들이 중간지원조직에서 실무적 운영 역할을 담당하도록 한다.

농촌 유토피아에 대한 후속 연구과제

　이상에서 제안한 농촌 유토피아 구상을 심화시키고 실효성 있는 정책적 실천 방안을 도출하려면 심화된 후속 연구를 진행해야 한다. 농촌 유토피아에 부합하는 선도적인 실천 사례에 대한 심층조사를 통해 농촌 유토피아 구상의 구체적인 실현 방안을 모색하고, 특히 정책 과제 부분에서 제시한 주거, 일자리, 지역사회 활동 등 주요 분야별 정책 대안에 대한 검증과 국내외의 추가 사례도 수집해야 한다. 또, 사회실험의 실제 진행 상황에 대한 모니터링과 시사점 도출도 필요하다.

　이와 함께 농촌지역의 유형에 따른 실천 모델 개발이 요구된다. 농촌, 어촌, 산촌 등 지역 유형에 따른 선도적 실천 사례를 조사·분석하여 현실에서 농촌 유토피아를 구현할 수 있는 정책 대안을 제시할 필요가 있다. 아울러 농촌 유토피아 구상이 실제로 정부 및 지자체의 예산 사업으로 추진될 수 있도록 그 방안을 모색해야 한다. 이에 따라 중앙정부(농식품부, 해수부, 산림청 외)의 정책 사업 현황 및 성과를 조사·분석해 농촌 유토피아 모델을 적용할 수 있는 예산 사업을 제안하는 작업이 필요하다. 또, 광역 및 기초 지자체 단위의 사업 타당성 분석을 통해 지자체 단위에서 실현할 수 있으면서 중앙정부의 사업과 시너지 효과를 얻을 수 있는 다양한 사업의 추진 방안도 마련해야 한다.

마지막으로, 현장과 협업을 통해 농촌 유토피아를 구현하는 시범계획을 수립해야 한다. 특정 농촌지역의 시범계획 수립을 통해 구체적 정책 추진 방안 등을 제시해야 하는데, 이를 위해서 반드시 현장과 협업해야 한다. 농촌 유토피아의 단계별 추진 전략을 제시하고, 지자체 단위에서 성공적으로 유토피아를 구현하기 위한 지역 단위 거버넌스를 구축하며, 중앙 및 지방의 전문가 지원체계를 구축하고 활용하는 방안 등이 시범계획의 내용에 포함되어야 한다는 뜻이다. 또한 지자체의 시범계획을 수립하기 위해 희망하는 지자체 및 시·도의 발전연구원과 협력 연구가 본격적으로 진행되어야 할 것이다.

마치며

　지금까지 농촌이 갖는 잠재력을 바탕으로 농촌을 활성화하고 국가의 균형발전을 이루기 위해 농촌 유토피아를 어떻게 구현할지에 대해 논의했다. 마지막으로 농촌 유토피아의 구상에 필요하다고 생각해 여섯 가지 제안들을 정리하며 이 책을 마치고자 한다.

　1. 이 책에서는 삶터, 일터, 쉼터이자 공동체터로서 농촌을 조화롭게 발전시킨다는 농촌 정책의 비전에 따라, 농촌에서 도시민이 희망하는 다양한 분야의 활동을 실행할 수 있는 기회를 제공함으로써 농촌 공동체의 활력을 되살린다는 농촌 유토피아 구상의 전략을 제안했다. 그리고 농촌 유토피아를 구현하기 위한 핵심 추진 과제로 생활기반, 일·소득, 환경·자원, 공동체, 추진기반 등 5대 영역의 12개 역점 과제를 제안했다.

　2. 농촌의 생활기반(삶터) 측면에서 다지역 거주 및 도시민의 농촌 거주 수요를 충족하기 위해 기존의 마을 정비사업과 연계한 도시민을

위한 주거 공간 조성 사업, 농촌 살아보기 체험을 위한 장기 레지던스 체인의 구축, 다지역 거주의 확산을 위한 세제 완화 등 다지역 거주 지원 3대 시책을 추진하자고 제안했다. 이와 더불어 도시민의 농촌 거주 수요를 충족하기 위한 다양한 유형의 빈집 정비·활용 체계를 구축하고, 미래형 농촌 표준주택의 개발 및 보급을 고려해야 한다고 제안했다. 이를 위해 구체적으로 민간기업, 농협, 지자체, 마을 단위 주민조합 등이 투자·운영하는 농촌형 레지던스 브랜드 구축 및 동일 지역에 소재한 주택에 대해 1가구 2주택 양도세 부과 면제, 농촌 표준주택 설계도에 패시브 하우스 등 에너지 절감형 주택의 확대와 같은 세부 사업을 제안했다.

3. 농촌의 일·소득(일터) 측면에서 창조계층과 청년층의 창업 및 취업 활동 지원, 귀농인의 이주 초기 영농 기반 구축을 위한 지자체 단위의 농지은행 관리·운영체계 구축, 지역 단위 푸드플랜 확산과 로컬푸드 육성 등 지역 순환에 기반을 둔 일자리 제공이 이루어져야 한다. 이를 위해 농촌형 신서비스산업(치유형 의료서비스업, 산림복지서비스업, 농촌형 MICE 산업 등) 및 신직업군(농산어촌 활성화 콘텐츠기획자, 전원생활도우미, 산림테라피스트 등)을 육성하고, 사회적 일자리 지원과 더불어 지역의 유휴 농업시설이나 빈집 등을 창업공간으로 활용할 수 있도록 지원해야 한다. 또한 다양한 일자리 정보를 제공하기 위해 지역 단위 일자리 중개시스템을 운영해 지역 내의 일자리 수요자와 공급자가 연결되도록 할 것을 제안했다.

4. 환경·자원(쉼터) 측면에서는 농촌의 유산과 자원의 발굴·보전 및 농업환경보전 프로그램을 도입할 것을 제안했다. 국가 중요 농어업유산의 지정 및 관리 확대와 함께, 주민협정 등을 통해 주민 자율적 농촌 자원·경관 가꾸기 사업이 확산되도록 하는 과제를 논의했다. 그리고 환경·생태 보전에 기여하는 다기능 농업을 활성화시키기 위해 농업환경보전 프로그램을 도입할 것을 제안했다.

5. 공동체(공동체터) 측면에서는 농촌 커뮤니티 활동의 활성화를 위해 재능은행을 도입하여 다양한 계층의 사람들에게 농촌지역사회의 활동에 참여할 기회를 제공할 것을 제안했다. 이때 성공적인 결과를 도출하려면 지역사회 동아리 및 주민 조직이 제안하는 상향식 문화·여가, 지역 가꾸기 활동 등 소액사업 방식의 농촌 정책을 도입·확대해야 한다. 또한 포용적 농촌지역사회를 구현하기 위하여 소외·취약계층 대상 돌봄, 일자리, 교육 등의 다양한 지역사회 활동을 추구하는 사회적 농업을 육성시켜야 한다고 제안했다.

6. 농촌 유토피아를 구현하기 위한 추진 기반으로 도·농을 연계한 농촌 유토피아 플랫폼의 구축과 함께, 농촌 유토피아를 확산시키기 위한 신규 사업(농촌 유토피아 프로젝트)의 도입 및 사회실험의 확대를 제안했다. 농촌 유토피아 플랫폼 구상은 두 가지 차원에서 접근해야 한다. 첫째, 개인적 차원에서는 기존 교육 프로그램을 다변화하여 '나만의 버킷리스트 찾기' 등과 같은 프로그램을 확대하는 것이다. 둘째, 지

자체 차원에서는 다양한 공동체 조직의 참여 및 지역 안팎의 주체를 연결하는 행정 지원체계를 구축하는 일과 더불어 지역 단위 유토피아 활동 그룹을 육성하기 위한 도·농간 사회혁신 네트워크를 구축해야 한다. 그 밖에 '농촌 유토피아 프로젝트' 사업 추진과 함께 관련 기관이 참여하는 사회혁신 실험 및 대국민 홍보도 병행되어야 한다.

참고문헌

강정인 외, 『서양의 고전을 읽는다 2: 정치·사회』, 휴머니스트, 2006.

구자인, 「농촌 지역개발의 주체, 어떻게 만들 것인가?: 향후 10년이 농촌 살리기의 '골든타임'」 (농촌공간계획포럼 제3차 회의 발표자료, 미발간), 2018.

국가지표체계, 도농 교류 현황, 각 연도.

국정감사 자료, 2017.

권혁범, 「여민동락공동체의 농촌복지 실천과 향후 과제」『포용성장과 농촌복지』(사 한국농촌복지연구원 창립기념 심포지엄 자료집), 한국농촌복지연구원, 2018.

기든스, 앤서니, 『포스트 모더니티』, 이윤희·이현희 옮김, 민영사, 1991.

김경덕·홍준표·임지은, 『귀농·귀촌 사회적 편익 분석 연구』, 한국농촌경제연구원, 2012.

김광선·송미령·심재헌·서형주, 『농산어촌 신활력 모델 개발 및 확산 방안 연구』, 국가균형발전위원회, 2018.

김광선·이규천, 『농촌 공동시설의 유휴화 실태와 활용 증대 방안』, 한국농촌경제연구원, 2012.

김광선·채종현·윤병석, 『2011 농어촌서비스기준 이행실태 점검·평가』, 한국농촌경제연구원, 2011.

김교성, 「핀란드의 기본소득 실험 결과 제대로 보기」 『한겨레신문』, 2019. 2. 14.

김용민·윤태원·송지연, 「시대정신의 반영으로서의 유토피아와 디스토피아 문학」 『독일언어 문학』, 16:419-453, 2001.

김정섭, 『귀농·귀촌 실태조사 주요 내용 검토 결과: 귀농·귀촌 지원 종합계획의 목표를 중심으로』(미발간 자료), 2019.

내무부, 『새마을운동』, 1983.

농림축산식품부 외, 『『2018년 귀농·귀촌 실태조사』 결과보고서 및 요약보고서』, 2018.

농림축산식품부, 「나기정 청년층 정주 및 보육지원 정책 추진현황 조사 결과 보고서」(미발간 내부자료), 2018.

농촌진흥청, 『2017 도시민 농촌관광 실태 조사』, 2018.

라이트, 에릭 올린, 『리얼 유토피아』, 권화현 옮김, 들녘, 2010.

리트핀, 캐런 T, 『에코빌리지, 지구 공동체를 꿈꾸다』, 강경이 옮김, 시대의창, 2015.

마상진, 「신규 농업인력육성 및 농업회의소 관련 일본 출장 결과 보고」(미발간 내부자료), 2017.

마상진·박대식·최윤지·남기천·임지은, 『귀농·귀촌인의 정착실태 장기추적조사: 2차년도』, 한국농촌경제연구원·농촌진흥청 국립농업과학원, 2015.

모어, 토마스, 『유토피아』, 나종일 옮김, 서해문집, 2005.

박문호·김정섭·허주녕, 「농어촌 뉴타운 공동체 조성·운영 방안에 관한 연구」, 한국농촌경제연구원, 2008.

박종선, 「허균의 홍길동전과 토머스 모어의 유토피아: 이상향의 차이는 무엇?」『주간조선』 2437호, 2016.

백승종, 『그 나라의 역사와 말』, 궁리, 2002.

브레흐만, 뤼트허르, 『리얼리스트를 위한 유토피아 플랜』, 김영사, 2017.

성주인·민경찬·김민석, 『주민 삶의 질 향상, 사람이 돌아오는 농촌 만들기』(농업전망 2020 현장 발표자료), 2020.

성주인·박시현·윤병석, 『도시민의 농어촌 정주 활성화를 위한 정책방향과 과제』, 한국농촌경제연구원, 2011.

성주인·심재헌·서형주, 「제4장 포용사회를 향한 새로운 도전, '농촌 유토피아'」『농업전망: 농업·농촌의 가치와 기회 그리고 미래 I』, 한국농촌경제연구원, 2019.

손철성, 「비판적 사회 이론에서 유토피아의 문제」(서울대학교 박사학위 논문), 2002.

송미령·국승용·김정섭·성주인·이명기·정도채, 『농산어촌의 미래 아젠다와 단계별 전략』(미래비전 2045 포용균형발전연구단 농산어촌팀 미발간 내부자료), 2019.

송미령·김광선·김정섭·심재헌·정도채·임지은, 『경영체 유형별 맞춤형 프로그램 개발』, 농림축산식품부, 2017a.

──, 『새농촌정책 자료집4: 농촌주민과 도시민의 삶의 질 만족도와 정책 수요 조사 결과』, 한국농촌경제연구원, 2017b.

송미령·김용렬·성주인·박주영·허윤진, 『살기 좋은 농촌 만들기를 위한 정책재편 방안(1/2차연도)』, 한국농촌경제연구원, 2007.

송미령·김정섭·김광선·박주영, 『살기 좋은 농촌 만들기를 위한 정책재편 방안(2/2)』, 한국농촌경제연구원, 2008.

송미령·박석두·성주인·김정섭·박경철, 『농어촌 복합생활공간 조성 정책대안 개발』, 한국농촌경제연구원, 2006.

송미령·정도채·이정해·김경인, 『한국형 사회적 농업 모델 구축 연구』, 농림축산식품부, 2018.

송미령·조미형·심재헌·유은영·김나리, 『농촌 취약계층 생활실태 조사 및 지원체계 구축을 위한 기초 연구』, 한국농촌경제연구원, 2016.

송석휘, 「지방정부 사회혁신에 대한 평가와 과제: 서울시 사회혁신을 중심으로」, 『공간과 사회』 25(2): 153-189, 2015.

송성환·박혜진, 『농업·농촌에 대한 2017년 국민의식 조사 결과』, 한국농촌경제연구원, 2017.

송위진·성지은·장영배, 『사회문제 해결을 위한 과학기술-인문사회 융합방안』, 과학기술정책연구원, 2011.

신소희, 「농촌 유토피아 구상: 충남 홍성군 홍동면, 장곡면을 중심으로」(미발간 내부자료), 2019.

심재헌, 「농촌마을 주거환경개선 사례 및 모델발굴을 위한 해외출장 결과보고서」(미발간 내부자료), 2013.

──, 「지방소멸론을 넘어」(제24차 농어촌지역정책포럼), 2018.

심재헌·송미령·손학기·서홍석·이정해·서형주, 『미래 국토 전망과 농촌의 계획적 정비방안 연구(1/3차년도)』, 한국농촌경제연구원, 2017.

심재헌·송미령·이정해·서형주, 『미래 국토 전망과 농촌의 계획적 정비방안 연구 자료 2: 미래 국토 및 농촌의 부문별 통계 분석 보고서』, 한국농촌경제연구원, 2018b.

──, 『미래 국토 전망과 농촌의 계획적 정비방안 연구(2/3차년도)』, 한국농촌경제연구원, 2018a.

오형은, 「농촌유토피아 구현을 위한 도시 농촌의 빈집 공유와 활용방안」(미발간 내부자료), 2019.

──, 「일본 마츠야마시 빈집은행 사례조사 보고서」(미발간), 2018.

유정규, 「농촌정책의 전환과 실천과제」, 『문재인 정부의 농정개혁 발향과 실천 전략』, 정책기획위원회·한국농촌경제연구원, 2018.

유학렬, 「일본 농촌의 도시민 유치 현장을 가다」, 『충남연구원 해외출장보고서』 2009.

이재현 외, 「일본의 농업노동력 지원 사례」, 『농업경영정보 2011-07』, 농촌진흥청, 2011.

이종수, 『공동체: 유토피아에서 마을만들기까지』, 박영사, 2015.

이종은·윤석산·정재서·정민·박영호·김응환, 『한국문학에 나타난 유토피아 의식 연구—동아시아문화연구 28권』, 한양대학교 동아시아문화연구소, 1996.

임광명, 「이상농촌운동의 역사 소고: 시작에서 1945년 이전까지」 『농촌지도와 개발』 21(2): 101-141, 2014.

임승빈, 「권두언: 21세기 유토피아(이상향)는 농촌에서」 『농촌계획소식』, 농촌계획학회, 2002.

전라북도, 『전북생생마을 소식 2017 10월호』, 2017.

전효성·이일형, 「Ebenezer Howard의 전원도시 특성에 관한 연구」 『대한건축학회 학술발표논문집』 24(2): 857-860, 2004.

정도채·심재헌·유은영, 『2016 농어촌의 삶의 질 실태와 주민 만족도』, 농림축산식품부, 2016.

정민철, 「이상 농촌: 홍동면과 장곡면 사례를 통해」 『행복한 균형발전을 위한 농촌 유토피아 구상 워크숍 자료집』, 한국농촌경제연구원, 2018.

정종수, 「윌리엄 모리스와 '유토피아 소식': 빅토리아 시대 영국의 사회주의적 상상력」(성균관대학교 석사학위 논문), 2007.

최양부·이정환·정철모·김향자, 『정주생활권 설정 및 유형화』, 한국농촌경제연구원, 1985.

통계청, 「경제활동인구조사」, 각 연도.

——, 「국민 삶의 질 지표」.

——, 「국민총소득」, 각 연도.

——, 「귀농어·귀촌인통계」, 각 연도.

——, 「인구동향조사」, 2015.

——, 「인구이동통계」, 각 연도.

——, 「인구총조사」, 각 연도.

——, 「장래인구추계」, 각 연도.

——, 「전국사업체조사」, 각 연도.

——, 「주민등록신고원시자료」, 2017.

한국농촌경제연구원 삶의질정책연구센터, 『2018 농업인의 삶의 질 향상 정책 우수사례집: 행복한 농촌을 말하다』, 한국농촌경제연구원, 2018.

한국농촌경제연구원, 「귀농귀촌인 정착 실태 장기추적조사」, 2014.

——, 「귀농귀촌인 정착 실태 장기추적조사」, 2016.

——, 「귀농귀촌인 정착 실태 장기추적조사」, 2018.

──, 「농업·농촌에 관한 2017년 국민의식 조사」, 2017.
──, 「농촌 유토피아 구상을 위한 평생활약마을 사례조사 및 KREI-교토대 공동 세미나 결과 보고서」(미발간 내부자료), 2019.
홍동면 주민자치위원회, 「2018 홍동주민원탁회의 결과보고서」, 2018.
홍성군, 『2018 홍성군 통계연보』, 2018.

AMin S. Rai A.S. and Ropa G., 2003, "Does microcredit reach the poor and vulnerable? Evidence from Nothern Bangladesh", *Journal of Development Economics*. vol.70. 59-82.

Copus A.K. and de Lima P., 2015, Territorial cohesion in rural Europe. The relational turn in rural development. TÉR ÉS TSADALOM. 29 (1): 195-202.

Kuhmonen T. and Kukmonen I., 2015, "Rural futures in developed economies: The case of Finland". *Technological Forecasting and Social Change*. 101: 366-374.

Levitas R., 2007, Looking for the blue: the necessity of utopia, *Journal of Political Ideologies*, 12(3): 289-306.

Mackenzie A F D., 2012, Places of Possibility: property, nature and community land ownership, Wiley-Blackwell, Antipode Book Series, Chichester.

OECD, 2016, OECD Regional Outlook 2016: Productive Regions for Inclusive Societies. OECD Publishing

Shucksmith M., 2018, Re-imagining the rural: from rural idyll to good countryside, *Journal of Rural Studies*, 59: 163-172.

Shucksmith M., Brown D., Shortall S., Vergunst M. and Warner M., 2012. *Rural Policies and Rural Transformations in the US and UK*, Routledge

Skuras D. and Dubois, A., 2014, Business networks, translocal linkages and the way to the New Rural Economy, In Copus, A.K., de Lima, P. (Eds.), *Territorial Cohesion in Rural Europe: the Relational Turn in Rural Development*, Routledge